U0058647

革後餘生
從牛津大學到北京市第一看守所

徐友漁 著

前言

第 一 章 劫後餘生：成為文革後中國首批大學生 ......011.

第 二 章 我為什麼要研究分析哲學 ......023.

第 三 章 牛津大學的氛圍 ......035.

第 四 章 80年代「文化熱」的榮景與脈絡 ......049.

第 五 章 我與「六四」 ......063.

第 六 章 90年代：場景大變換 ......081.

第 七 章 自由主義、新左派、社會民主主義 ......099.

第 八 章 我的文化大革命研究 ......119.

第 九 章 在瑞典與帕爾梅結緣 ......135.

第 十 章 劉曉波、零八憲章與諾貝爾和平獎 ......151.

第十一章 我愛台灣 ......171.

第十二章 員警如影隨形 ......187.

第十三章 六四周年紀念研討會 ......205.

第十四章 在看守所 ......219.

前言

德國著名哲學家狄奧多・阿多諾（Theodor Ludwig Wiesengrund Adorno）有一句名言：「奧斯威辛之後，寫詩是野蠻的，也是不可能的。」這句話對於不同的人有不同的詮釋。

我是以最淺白和直接的意義來理解並踐行這句話——自從經歷了1989年六月四日凌晨發生於北京的那場殘暴鎮壓和血腥屠殺之後，我再也無法以身為一個書齋學者而滿足，今後我所有的研究、思考、寫作，都必須與正在改變的中國現狀相關，必須和追求自由、民主、法治的目標相關。

1988年夏天——距六四事件發生不到一年——我自英國牛津大學返回北京，在中國社會科學院哲學研究所從事當代西方哲學的研究工作。那時的我，心態真可用「春風得意、躊躇滿志」來形容。當時，我被視為「牛津學成歸來的學子」、「世界知名哲學家達米特（Michael Anthony Eardley Dummett）的弟子」，被學界前輩和同道寄予厚望；歸國不久，我通過了特殊的考試和成果評議，破格晉升為副研究員，成為本所最年輕的具有高級職稱的科研人員；此外，我還是當時國內頗具影響力的民間學術文化團體《文化：中國與世界》編委會的核心成員。也就是說，不論在體制內還是體制外，我都被視為是大有前途的。

然而，六四事件改變了成千上萬人的生活方向，我的改變是內在的。我對個人在體制內的提升與發展全然失去了興趣與動力。我研究哲學的本意是為了使國人的思維更科學、更理性、更精確，面對社會上迫切的現實問題，繼續研究語言分析哲學有點像是關在象牙塔中作詩，顯得太高雅奢侈了點；因此我作出調整，轉向研究與政治社會更為直接相關的領域。

進入90年代之後，中國大陸在政治、經濟、思想、文化和社會心理各方面均呈現出與80年代完全不同的面貌。在中共黨內，對於經濟

體制改革的反對聲浪暫時平息，但貪腐、錢權交易、化公為私等亂象令人觸目驚心；與 80 年代社會以科學、民主、啟蒙的思想為主旋律大不相同，知識界內對科學民主的質疑和對啟蒙的攻擊日漸甚囂塵上。

中國社會現實中出現的種種問題，對有責任心的思想者提出了挑戰，我必須回應這些挑戰，而不能繼續沈溺於抽象的形而上學理之中。因此，我治學方向的轉變不但是一項道義上的命令，而且是正合其時的明智選擇。

要完成從學院派知識分子到公共知識分子的轉變，對我並不困難，因為在四分之一個世紀之前的文化大革命中，我和許多青年學生一樣，經歷了一場以筆為武器，指點江山、激揚文字的鍛煉。「以天下為己任」的情懷尚存於身，對時局的敏感沒有絲毫減損。但是，如何在做學問的同時表達社會關懷，我仍然面臨一些可能和選擇。

首先的考慮是告別學術，專心致志於社會批評，以匡正時弊為自己的專業，還是一邊從事學術研究，一邊著力於社會關懷？我選擇了後者而不是前者。其次，取代語言分析哲學，我要以什麼學科為自己的新專業？是與政治、社會直接相關的政治學、社會學？這樣轉彎太大，也不太投合自己的興趣；幾經反覆思量，我的選擇是在思辨和理論層面從事一種與政治、社會評論有關的專門學問，使自己在現實層面的社會評論有更深厚的學理資源支撐，並使二者相得益彰。

為此，我告別了苦心鑽研多年的語言分析哲學，轉向政治哲學。我花大力氣攻讀當代政治哲學的經典著作，並發表一系列專題學術論文，我的社會評論偏重於公平、正義、平等、個人權利和法治層面。這個轉向對我而言並不太難，也不完全出自實用，因為我本來就對政治哲學有莫大的興趣，並在這門學問中不斷獲得靈感和啟示。

本書的主要內容是敘述和反思自上世紀 80 年代後期至新世紀初期中國大陸思想文化空間中的種種學說、活動，以及產生這些學說、活動

的社會原因和心理動機。

　　我相信，這一時段將在未來書寫的中國歷史上占據特殊地位：中國大陸的民間社會在此期間開始萌芽發展，思想文化上的種種言說與活動反映了隨著市場經濟發展而來的生機與陣痛。這一段時間很特殊，在這之前，中國只有黨文化和黨的意識形態；在這之後，隨著「定於一尊」、「七不講」局面的形成，民間話語空間日漸萎縮，幾近為零。近代以來，中國的自由、民主、啟蒙話語總是剛萌芽就夭折，今後中國的自由民主話語空間開闊發達之時，很多東西還得從中斷的地方講起。

　　我帶著一種雙重身分的自覺參加這一段歷史時期的言說活動中，一方面，我自命為思想史家，力求全面觀察、客觀記錄、大力介紹這一時段的思想交鋒和思潮流變，了解其生成的背景，判斷其社會影響力；另一方面，我作為思想者和言說者，積極伸張和捍衛某些立場觀點，反對和批駁某些主張與看法，在某些爭論中充當某個派別的發言人。

　　我盡量避免這兩種身分合一的弊端和衝突，以免陷得太深而產生意氣偏頗。然而我卻反倒常常感覺到這兩種角色的增益作用。讓我最有感觸的是——只有問題中人才能對問題有透徹的理解，只有身處某個派別才能對此派及對立派的主張有深刻認識，避免貌似的公允、面面俱到的表面文章。在這個問題上，我能體會法國著名思想家雷蒙‧阿隆（Raymond Claude Ferdinand Aron）對自己身份定位中暗含的褒義，他在自傳中自稱為「入戲的觀眾」（中國大陸譯為「介入的旁觀者」）。

　　我深知，相比於滾滾歷史巨流，我所發出的聲音實在是微不足道，甚至整個知識界的喧嘩爭鳴也可能被後人視為杯水風波而已；但我想強調，某些個人的努力與經歷，還是能夠反映並折射出時代的進退脈動，個人經歷的豐富性與生動性，構成了歷史這個宏大故事的具體細節，品味這些細節，將有助於體悟歷史走向和時代風雲。

　　我對中國大陸的現實狀況作了大量的分析與批評，令我感到高興的

是，讀者們歡迎並欣賞我的立場與觀點，是基於這兩大特色：一是理性，二是建設性。我很滿意這樣的反饋，因為理性和建設性，正是我所追求與彰顯的，我認為我對這樣的讚譽當之無愧。

但是，大約從進入新世紀起，我的著作就無法在中國大陸發行，從2014年夏，在大陸的報刊、媒體（包括網絡）上就再也看不到我文章的蹤影。當局打壓的原因從不言明，我想一是我不迴避與劉曉波等異議人士的交往，二是我一直公開呼籲當局採取寬容政策。最後，各種打壓終於達到頂點——2014年5月5日，我被北京市警方傳喚，6日起轉為拘捕，關押於北京市第一看守所。

解釋「我究竟為何被捕」不僅關乎我個人的聲譽和利害得失，我將在本書中詳細講述事情的來龍去脈。簡單來說，情況就是：一群北京市民在一個私宅中舉行六四事件紀念研討會，我因身為會議的發起者和組織者之一而被捕。然而事情的實質是——中國已經淪落為員警國家，我被抓捕不是因為犯了法，而是國家的執法者公然違法。

抓捕我的罪名是「尋釁滋事」，對於像我這樣一個成天足不出戶、伏案寫作的教授而言，捏造這樣的罪名真是不知羞恥！我在本書中詳細記述了我與審訊員警之間的博弈，那是一場踐踏和捍衛法治原則的較量。

和最近一、二十年中經常發生的抓捕和監禁相比，我的案子並不突出，但是，它同樣表明了中國社會生活特徵和趨勢；這個特徵和趨勢是——中國日益法西斯化，中國正在變成一個員警國家。當2008年奧運會在北京舉辦之時，我就將其與1936年的柏林奧運會相提並論，在這之後，我不斷發出中國正在變成員警國家的警告。我說這話並不是空泛的譴責，而是對中國社會生活中一個顯著特徵的概括：員警無處不在，遇到問題都靠員警抓人解決。

中國目前距憲政和法治的目標還很遙遠，而且近年來的趨勢是每況愈下，但我從生活經驗和歷史研究中得知，這個目標遲早總會在中國實

現；我堅信，總有一天，中國會變為一個文明的國度。

此前言完成於 2022 年 5 月 6 日，正好是我被關押於北京市第一看守所 8 周年的紀念日。

第一章

劫後餘生：成為文革後中國首批大學生

毛後時代

1976 年，中國出了一件大事，這件事改變了中國的走向，改變了億萬人的生活，也改變了我的命運。

這件大事是：毛澤東逝世了。

記得是在 9 月 9 日下午，我和妻子正走在大街上，要去看一場電影。突然，街頭喇叭傳出中共中央等 4 機構關於毛澤東逝世的〈告全黨全軍全國各族人民書〉，聲音莊嚴沈重得可怕，令人肅然。電影院貼出停映通告，我們立即返家。一路上，看到每個人都是滿臉茫然的表情（事實上，整個治喪期間，我只在電影上才看到人們放聲大哭、痛不欲生的畫面）。

我的第一反應也是極度茫然。10 年來，毛已經被塑造為神，每個人每天都要重覆若干遍「萬歲」和「萬壽無疆」，已習慣成自然，這時卻聽到毛澤東逝世的消息，就像是發生了一件違反自然規律的事一般。

隨著收音機反覆傳來同樣的內容，加上各種後續情況的報導，我終於能夠確定——毛澤東確實是去世了。歷經 10 年的文化大革命使得幾乎每一個中國人，在政治上都很有經驗、異常敏感，當下我立即意識到：中國要產生巨變了！也許，我們這一代人的命運前途也會隨之改變。

隨著毛澤東的離世，被貶稱為「四人幫」的其妻江青與三員文革幹將王洪文、張春橋、姚文元迅即就逮，「四人幫」的覆滅著實讓人高興了一陣子，我生平第一次看到（很可能既是空前的，也是絕後的）高級幹部們也走上了大街，和普通民眾一道遊行，歡慶這場宮廷政變的勝利；顯然，文革派的垮臺正意味著這些在文革中下臺的官員們官復原職的機

會。他們將自己重新上臺復位說成是「第二次解放」，並推己及人地擴大解讀為中國廣大的百姓們也因此獲得了第二次解放。

然而，我的期待落空了，毛的逝世和「四人幫」的倒臺並沒有帶來政策上的改變，一切都還是老樣子。這著實讓人失望，也令人感到無法理解。當然，後來我明白這是因著歷史的巨大慣性，繼任的最高領導人中有的不願違反毛澤東的金科玉律，更同時要保護自己從文革中所得到的既得利益。為此，我陷入了徹底的絕望……我心中一直堅信，以前的種種倒行逆施，因為違反根本人性和社會發展規律，必定無法長久，但若在後中國變成一個較為正常的社會時，仍要將我們這一代人判定為政治的犧牲品，那就真的是無力回天、令人絕望的悲劇了。

所幸，約自 1977 年夏天開始，我漸漸看到了變化的跡象。許多科學家在會議上發言，談論科學隊伍的青黃不接，教育遭到的破壞急需恢復。到了 10 月中旬，中央政府終於發出通知，決定恢復高校的入學考試。

實際上，我日以繼夜盼望的時局變化，最根本的就是這一點。

重返大學

1966 年 6 月，中共中央和國務院下令推遲大學招生，以便讓學生們停課幹革命。文革運動使大學停辦了好幾年，從 1970 年起，才允許少量所謂的「工農兵大學生」進入大學；但人們嘲笑說，那是「大學的招牌，中學的教材，小學的水準」。由於一場文革，使我的大學夢破滅，這讓我痛苦萬分。我一向宣稱：「官可以不做，錢可以不賺，但大學不可不讀。」

在準備並參加考試的過程中，我自然非常緊張，不過實際應考下來，我的自我感覺良好；畢竟，我在校時一直是個好學生，而且，雖然

我們這代人普遍耽誤了整整 11 年的光陰，但我卻未曾丟開過書本。然而萬萬沒有想到的是，我竟然落榜了！由於此次大學錄取還是援用文革之前的政治審查標準，我既沒有紅色家庭背景，連灰色類也不是，我的家庭出身是黑色的。落榜之後有相當長的一段時間，我感到極度尷尬，生怕人們問：「平常說得那麼行，怎麼連個大學都考不上？」

恢復高考後的第一屆大學生是「77 級」，因為考試、招生工作是在 1977 年進行的，而實際入校的時間拖到了 1978 年春節之後。原本錄取工作已經完全結束了，但據說，有中央的領導人了解到，好些程度不錯的年輕人因為種種原因沒被錄取，便下了指示，在落榜生中補招一些成績合格的人入學。但當時中國的大學還是十分因循守舊的，許多學校宣稱校舍沒有空餘，意圖抵制破格錄取的舉措。

然而，中央領導人堅持定見，又再度指示讓這樣的學生住在家裡，實行走讀。這在當時完全是異乎尋常的決定，顯現出政府為培養現代化人才的苦心孤詣。也是據說，這位中央領導人就是鄧小平。我相信這個說法，因為只有他才有那麼大的決心、魄力和權威，做出這種打破常規的決策。我因此成了這項非正常政策的受惠者，在正規新生已經入校好一陣子之後，我作為「走讀生」，被四川師範學院數學系錄取。

其實，四川師範學院（後來改制為四川師範大學）並不是我報考的大學，我也沒有報考數學系，我之所以來到這裡，純屬落榜之後獲得的額外恩賜，哪還有什麼話說呢？中國大陸的慣常做法是，將家庭背景「不好」而成績尚可的考生接收為師範生，因為讀師範不涉及保密、軍事工程等專業，不需要對考生的家庭背景有過硬的要求。另外，出於碰巧，我非常喜歡數學。其實對我來說，攻讀什麼專業問題都不大，只要能進大學就行。在文革運動中，在上山下鄉的日子裡，我一直在刻苦自學，我相信「天生我材必有用」，念大學只是一個方便的、必要的台階而已（其實，對於能力很強的人來說也未必是必要的）。

「走讀生」在大學生中顯然是二等公民，大家都知道他們是因補充

招生才得以入校，他們沒有資格在學生宿舍中得到一個床位，當其他同學從容地學習、休息或娛樂時，他們不得不吃力地在通勤的路上奔波。幸好我們這批走讀生在功課上不落下風，人際關係上也比較團結，因此在氣勢上並不顯得弱勢。

走讀生活

外語是走讀生的一個強項，好幾個人的英語程度大大超過了教我們的英語教師。比如我，剛一入學就通過了外語免讀的考試，從此不再上英語課。其實，了解情況之後就不會感到奇怪。在中共建政後實行「一面倒」（倒向蘇聯）的方針，大學及中學的外語教學以俄語為主，1977年大學重新開張之後，才發現英語教師奇缺。教我們的英語老師原先教俄語，接受培訓一年之後，就匆忙上陣教我們這批學生了；與之相比，我自學英語已經 8 年，說我的英語程度大大超過我們的英語老師，可一點也沒有自吹。

這屆學生的年齡差別很大，最小的 18 歲，最大的超過 30 歲。學校把年齡大的學生分在一起，稱為「大班」。我當年正好 30 歲，屬於大班學生。

作為文化大革命結束、恢復高考制度後第一批進入大學的學生，我和其他同班同學均帶著各式各樣的經歷、感受和期望，從工廠工人、中小學教師、機關職員的崗位上，甚至是從建築工地臨時工的位置上重新開始學習生活的。

我在上大學前便在成都市軸承廠鍛工車間當工人，已經有 6 年工齡，因此享受帶薪學習的待遇，經濟上算是差強人意。在當時，今昔之間的強烈反差，夢想實現後的驚喜，乃至於面對新生子女、初為人父人母的牽掛，使得我們這批「老大學生」入校後，在激動和神思恍惚的心

情中度過了最初的幾個月。

但除舊迎新、站在新時期開端的喜慶和激昂並非日常生活的基調，大班大多數人的感受是苦的。上課苦、做作業苦，考試更苦。

「老大學生」們都有類似劫後餘生的感受，特別珍惜這得之不易的機會，學習極其刻苦用功。不過，數學可能是各學科中最難學的，面對數學的高度抽象和邏輯推理的複雜，單靠勤奮刻苦也不見得能換來好成績。許多同學原先在單位裡都是佼佼者，自我感覺良好，現在學習吃力，內心充滿了挫折沮喪。另外，經濟困難也是一大問題，一些同學戴不起手錶，甚至連被褥、蚊帳等住校用品都是親友資助的，家中老小急切地期盼他們能盡快畢業成為中學教師，靠教職的工資支撐家庭生活。

同學之間的程度差異也很大，有人感到難以為繼，提出退學，被老師和同學們勸住。也有不少人在入校前是中學教師，他們基礎好，曾修過的學問一聽就會，功課輕鬆自如。

我還記得有位郭姓同學，除了上課和花少許時間完成作業，其餘時間全都用來拉手風琴，同學有表演節目請他幫忙伴奏，他從不推辭。最厲害的是一位鄧姓同學，他經常待在寢室裡鑽研數學的某一分支專題，聽說他正在寫一部數學專著。同學們知道他程度好，常常在不會解題時請教他，他開始總痛罵「怎麼這麼笨」，然後三言兩語就把問題解釋得清清楚楚。即使在課堂上他也不是用心聽講，而是思考演算自己的問題，他待在川師數學系泡上整整4年，無非是要掙得一張正規的大學文憑。

新時期也有種種新問題，是校方和老師們完全沒有預料到的。開學不久就出現了新舊學生兩大群體間的矛盾和衝突。

新學生指的是我們這批剛入校的77級學生，都是懷著「天之驕子」的心態進校的。大家都知道，這屆學生的錄取率不到百分之五，稱得上是「花中選花、精中選精」而跨入大學之門。

舊學生指的是文革中入校，這時尚未畢業的「工農兵大學生」，他們被入校新生，甚至被整個社會看成是文化大革命的既得利益者，與新時期新氣象格格不入、心懷抱怨。

新大學生中，有人一有機會就公然對工農兵學員表現出鄙視與不屑，甚至進行言語攻擊，「工農兵」們也不服氣，奮力反擊，據說有的大學中還發生了群毆事件。川師也發生了新舊兩個學生群體的之間的衝突，校方費了好大的力氣才使雙方相安無事。

我們數學系對這類問題的解決辦法相當高明，把新生好好教訓了一頓。系上決定對入校新生舉行一次「摸底測驗」，說是要準確了解同學們的程度，以利於今後的教學，等試卷發下時，大多數人一看就傻了眼：試題難度相當高，新生多半都不會解。摸底考試的結果，大半同學都不及格，狼狽如此，新生中的好鬥分子自然失去了傲視「工農兵學員」的本錢，變得安分守己了。我猜想，或許數學系的領導和教師看到這個局面會偷偷樂著：「狂吧？看你們怎麼狂！」

枯燥、緊張的學習生活偶爾會被一些桃色事件的流言打破而得到調劑，其中最引起轟動的是，我們 77 屆學生中出現了所謂的「陳世美」，那也是上世紀 70 年代末中國社會中經常出現，並為人們所津津樂道的事件。

中國民間有一個流傳很廣的故事，說的是宋朝有一對夫婦陳世美和秦香蓮，窮書生陳世美離妻別子，上京趕考，中了狀元，被皇上招為駙馬，他狠心拒認從家鄉趕來相會的妻與子，為了殺人滅口，還指使武士去殺害秦香蓮。最後，包公秉公執法，陳世美終於伏法。

而現代版的「陳世美與秦香蓮」說的是，某個頗有才華的青年在生命最低潮時落難於農村或者基層單位，結婚並生兒育女，等到世道一變，「中舉」進了大學，接觸到年輕漂亮、聰明活潑的女同學，情不自禁產生拋棄糟糠「黃臉婆」、再度一春的慾念，而不甘被拋棄的髮妻則

從小地方趕來,要麼當面論理,要麼投訴於學校當局,以求公道和保全家庭。

記得那時學校領導、年級主任不免要接待前來哭訴、哭鬧的「秦香蓮」,流言和故事飛快地在同學中傳播。當年發行量極大的《人民文學》上有一篇小說名叫《杜鵑啼歸》,講的就是這類故事,影響很大,流傳很廣。據我了解,我校的「陳世美」們似乎沒有人成功謀得新歡,除了暴露自己的不忠,終究只落得學校的處罰和同學的非議。

校園中的政治

經歷文革摧殘的大學校園在 70 年代末開始恢復生機,顯得生氣勃勃,人們精神上充滿渴望,思想空前活躍。最吸引我的是各種課外講座,教員們,尤其是有學問的老教授們滿懷著巨大的熱情,想把平生所學全數傳授給莘莘學子,於是他們紛紛登臺,舉辦各種各樣的專題講座,前去聽講的青年教師和同學趨之若鶩。

數學系教授們的講演我幾乎一場不缺,有好些內容我聽不太懂,但問題的方向和意義還是大概能夠明白。一位老教授講數學史的某些片段和情節,講得妙趣橫生、引人入勝,聽完後使我感到自己似乎擁有了開啟數學百寶箱的金鑰匙,好些難題都能迎刃而解。另一位老教授似乎更厲害,他提出了一個新的數學理論,期許運用這個理論,現代物理學的某些難題可以輕而易舉地得到解決。總之,那都是些激勵人心,催人奮起的學術講演。

值得玩味的是,有幾個講演者在做完專題報告之後,總要小心翼翼、自責地補充一句:「我這次沒有在報告中闡述馬克思《數學手稿》中的光輝思想,這是我今後要努力學習和改進的。」我聽了這話一開始是大吃一驚,反應不過來,繼而明白了他們的苦心,引起一陣感慨。

我明白，他們說這些話是為了政治上的安全。文革剛過，「突出政治、反對白專」的餘毒還未肅清，人們的一切言行都要以領袖或革命導師的教誨為指導或包裝，而馬克思的《數學手稿》在當時還被當成是數學領域內的最高成就，這真是天大的笑話！我讀過馬克思的《數學手稿》，那根本不是數學著作，而是黑格爾哲學概念的搬用，但教授們不發揮馬克思的思想總有一種罪惡感，就像幾年前發言、寫文章不引用毛主席語錄就沒有正確性一樣。我感到，即使官方宣布進入了新時代，廣大教員們還是心有餘悸。

　　在我入讀四川師範學院的 1978 年和 1979 年，正是中國除舊迎新，大事不斷，國家政策發生劇烈變動的時候。中共中央於 1978 年發出通知，決定為在 1957 年被定為右派分子的人糾正平反，也為在中國農村被劃定為地主和富農的人摘帽。因此，中國社會自 1949 年以來傳統的賤民「階級敵人——地、富、反、壞、右」中的大多數，均去除了政治身份的標籤，獲得了解放。

　　一大批以革新派自命，具有啟蒙使命感的知識分子紛紛到大學演講，他們歷數中共在建政之後發動的政治運動，在運動中對廣大人民群眾，尤其是對知識分子的迫害，啟發學生們吸取歷史教訓，為建立自由民主的共和國努力。這種風氣之下，川師雖然遠離成都市中心，也經常邀請知名人士來校。

　　在這些講演者中，最讓我難以忘懷的是知名作家雁翼。他是四川當地作家，在文革期間被批判鬥爭，在監獄中被關押 3 年，他的口才很好，言辭大膽、尖銳，我至今還清楚記得他恨恨地說過的一句話：「**其實，歷次政治運動整知識分子，下手的還是知識分子。**」他在這裡是在揭露並控訴中共在政治運動中慣用的手法：利用、指使和強迫知識分子整肅知識分子，他同時呼籲知識分子要有自我反省精神，要吸取歷史教訓，不要再積極投入運動，整自己人。

　　在中國大陸的正史中，關於「真理標準」（全稱是「實踐是檢驗真

理的唯一標準」）的討論無疑是文革結束之後最重大的事件，這場嚴重的意識形態和政治鬥爭的背景是這樣的：主導抓捕「四人幫」的黨主席華國鋒和副主席汪東興，力圖維持毛澤東的政治路線不變，提出了口號「兩個凡是」：一、凡是毛主席作出的決策，我們都堅決維護；二、凡是毛主席的指示，我們都始終不渝地遵循。而胡耀邦、鄧小平為了破除對毛澤東的盲目權威，提出了矯正性的口號：「實踐是檢驗真理的唯一標準」。在兩個口號的表面爭論之下，其實是暗潮洶湧，深藏玄機。

實踐派的文章發表於 5 月，對於嗅覺不靈，遠離北京的四川人來說，是感覺不到什麼的。就政治資訊而言，在四川和北京之間存在一個較大的時差，到了 1978 年秋，才有一位四川大學的哲學教師到我校做報告，談到在北京中央發生的事情，發表〈實踐是檢驗真理的唯一標準〉一文之前因後果，以及發表此文後兩派的對立鬥爭。

聽她說起，整個事情似乎是在一種極其詭秘、複雜、緊張的氛圍中進行，參與其中的人似乎擔負著身家性命的風險。當時的我並不明白，怎麼會為了一個簡單的哲學命題，鬧到這個地步。

我想，原因在於，當時我只能夠就文章談文章，完全不知道這篇文章的政治背景，不知道這篇文章的含義關係著中國下一步走向的指導思想。後來我才明白，在抽象的哲學概念和命題的背後，是互不相容、有你沒我的政治鬥爭。另外，對於有一定哲學知識的人來說，接受「實踐是檢驗真理的唯一標準」這個命題是再簡單正常不過了，在思想認識方面，這根本不是問題。

到了 1979 年 2 月中旬，中國與昔日的親密戰友越南在邊境發生了一場戰爭，中方將其稱之為「對越自衛反擊戰」。戰爭引燃了學生們的愛國主義情緒，人們一有空就聚在一起傾聽廣播喇叭中傳出的「勝利戰報」，邊聽邊痛斥越南對於中國的忘恩負義。

在聽說越南軍民的作戰武器本來是中國提供給他們打美國人的，他

們吃的、穿的、用的全是中國支援時，同學們更是義憤填膺，恨不得中國軍隊奮發神威，三、五天內就掃平那個小國。當同學們為捷報中羅列的戰果興高采烈時，我卻冷靜地判斷出：戰事進展並不順利。我聽得出來，廣播中所列戰利品均屬於不甚重要的物件，可見斬獲不豐，尤其是，連幾千斤大米都當成重要的戰果來報告，可見得情況實屬捉襟見肘，官方戰報根本在勉強湊數。但是，我不敢把心中的懷疑告訴任何人，怕萬一被報告上去，後果一定很嚴重。

關於我在四川師範學院數學系的學習情況，我能談的不多，因為我不是正規在那裡待滿 4 年，而是只學習了 3 個學期，就被破格批准報考研究生，考取後去了北京。

1979 年初夏，我接獲中國社會科學院哲學研究所的錄取通知書，成為現代西方哲學碩士研究生。這引起了一陣小小的轟動，數學系為我舉辦了一場氣氛熱烈的歡送會。那一年，川師一共考取了 3 名研究生，全都是進校不久的 77 屆學生。當然，我們的教師中報考研究生的人數更多，但沒有一個人考上，儘管他們的應考條件要比同學們好得多。我在學校待到新學期開課之後兩周，直到非走不可的最後一刻才依依不捨地離開。

我實在是喜歡學習數學，我在歡送會上向同窗們告別的最後一句話是：「我最懷念的，是和大家一起解數學難題的幸福時光。」好幾個同學後來告訴我，這話把他們氣得半死，真是站著說話不腰疼，學數學純粹是自找苦吃，外人很難體會解不出數學難題有多痛苦。

第二章

我為什麼要研究分析哲學

成為研究生

在上世紀 70 年代末的中國大陸，考上研究生是一件頗為了不起的事，而一個沒有大學本科學歷或者沒有完成大學本科學業的人考上研究生，則是一件引起轟動的事，不但被相識和不相識的人傳為美談，還引起當地報紙加以報導。我之所以剛進川師數學系一個學期就決定報考研究生，實屬受到好友考研成功的激勵。

我在文革期間結識了兩個同齡好友胡平和張龍溪，平時常在一起議論時政、切磋學問。張龍溪對於報考大學沒有信心，以為年齡太大，根本沒有希望；而胡平報考川師，雖然高考成績極為優異，但因為政治審查不過關而落榜。他們一不做二不休，乾脆直接報考研究生，因為相對於報考大學，考研的年齡限制和政審標準都要寬鬆很多；有關政府部門把招收研究生納入了招募人才的範疇。出乎每個人預料的是，他們居然考上了，而且考上的都是中國最著名的學府北京大學！

胡平的專業是西方哲學，張龍溪的專業是英美文學。他們考得十分順利，初試複試都名列前茅，而他們面對的競爭對手多半是早就畢業的大學生，其中還有不少人是現任的大學教師。一天下午，胡平上我家告知他和張龍溪被北大錄取的消息，並鼓勵我也去投考。聽了他的一席話，我暗中思量：「他們行，那我一定也行。」並下了決心，下一次一定要去報考。

胡平剛告辭，我就對妻子說：「我怎麼覺得我白白地丟掉了一個研究生？一定要盡快把它拿回來！」是的，我們這一代人一定要追趕時間，文革已經浪費了我們 11 年，現在能追回多少算多少吧。

我很感激胡平，他增添了我的膽量，還用親身經驗告訴我，考生中

的那些大學畢業生和大學教師並非無法戰勝的競爭對手。我本來想等大學讀完之後再去報考研究生，以為早已完成大學學業的其他考生是我無法超越的，看來，我是過分講究按部就班、迷信學歷了。

事後證明大膽和冒險是有道理的，在掌握知識方面我其實有相當的優勢。研究生考試完結後，我問了考場上坐我周圍的相同科目考生，他們居然連指定的專業參考書《分析的時代》都沒有找到，備考時完全束手無策。這本書是文革前內部出版、限制發行的書籍，我在當知青時就讀了 5 遍以上，還把主要內容抄錄在筆記本上。

我依依不捨地告別了心愛的數學，隨著北上列車開始了另一種全新的生活，一路上心潮起伏，夜不能寐。奇怪得很，我首先想到的是對我的某種警告。

我的一個親戚為我的考取十分自豪，專程趕來表示祝賀，不過在祝賀之餘，他有些遺憾地說：「**考上社科院的研究生好倒是好，不過若沒有『社會』這兩個字就更好了！**」他的意思是，如果我考上的不是社會科學院的研究生，而是科學院的研究生，那好得多。我知道，幾十年來，中國人不變的觀念是「學好數理化，走遍天下都不怕」，理工科保險，文科危險。這個親戚在為我高興之餘，也表示了他的憂慮。不過，這種憂慮在我心中只是一閃而過，我費盡心力思考的，是我的專業、我的學術前景。

立定志向

整個報考研究生、考試和準備北上的過程中，我一直在考慮我所選擇的專業，我力圖在自己的專業與中國現代化的前途之間找到一點關聯。

報考研究生時，我曾面臨過多種選擇。對我們那一代的一般人而言，十年文革，等於是浪費了十年的大好青春，但以中國之大，還是有

不少例外。比如我的一個小學同學，在一個藏族地區當知識青年，成天山上放羊，結果讓他有大量的時間自學鑽研物理學，達到了掌握量子力學的程度。1977 年高考招生時，國內幾個名牌大學聞訊找到他，爭取他投考該校，甚至許諾他保送研究生。

又如我的朋友張龍溪，透過刻苦自學，其英語和英美文學的程度明顯超過很多大學教師。在文革中，除了運動前期的狂熱和投入，我基本上是手不釋卷，刻苦自修。與一般自學者不同的是，我讀書不是完全憑興趣，像多數人那樣把閱讀範圍侷限在文學類，文學類的書我確實讀了不少，但學得更多、更專注的，是大學教科書；比如俞大絪、徐燕謀編的《英語》，邢其毅編的《有機化學》，希爾伯特（David Hilbert）和阿克曼（Wilhelm Ackermann）著的《數理邏輯引論》等等。

我那時很狂妄，還分不清科班訓練與自修愛好之間的區別，再加上看到上一屆考研的試題一般都很淺，竟以為自己可以在好幾個門類投考。比如，作為數學系的學生，我曾認真考慮準備投報數理邏輯專業。

從變革現實，促進中國的現代化考慮，我一度傾向報考于光遠門下的研究生，他指導的專業是馬克思主義，這是中國的官學，而于光遠是中國共產黨內算得上是有學問、有威望的學者。透過從事這門官學，透過成為于光遠的門生，就有可能成為體制內學者，從而比較直接地影響中國官方政策的制定和意識形態方向。從于光遠的一大批研究生在六四事件之後幾乎全軍覆沒的情況來看——比如推動國家制定《破產法》的曹思源和天安門廣場「四君子」之一的周舵均被捕入獄，我確信自己當時的判斷並沒有錯。

但是，最終我還是放棄了報考于光遠門下的打算。我認為，報考于光遠門下好倒是好，那是動機、出發點好，為國為民，但對於個人的智力和靈性，卻是莫大的傷害與犧牲。如果我的工作就只是在馬克思主義的教條中尋章摘句，力圖搞點推陳出新，找一點為改革方針和進步政策辯護的根據，那是多麼枯燥和無聊的事！

我最後選定的研究方向是當代英美哲學中的分析哲學，這是令我心安理得、深為滿意的選擇，它不但滿足了我在學理上追求新知和健全理性的心願，也可能有助於我實現下列抱負的努力：從最深刻的層次上改進中國人的思維習慣和表達習慣，使其從前現代化的狀態提升到現代化的水準。這件事是我長期思考的，說來話長。

棄絕無意義的廢話

　　分析哲學是 20 世紀 20 年代開始發展起來，主要在英美和北歐國家流行的一種哲學，分析哲學家一般都具有高度的科學、數學、邏輯素養。他們認為，相當多的哲學問題是由於人們誤用語言造成，哲學命題不僅區分為對的和錯的，更重要的是還要看到有第三類，它們是毫無意義的。它們表面上對事情有所論斷，但實際上什麼內容也沒有。

　　分析哲學的使命就是深入研究語言的本質，找出被表面語法掩蓋了的語言深層邏輯結構，或正確使用語言的條件。語言哲學顯示了哲學的鋒芒，它像一把鋒利的剃刀，把含混不清的表述，把表面高深實為空洞無物的論述剃除得乾乾淨淨。

　　在我看來，中國人傳統的慣性思維中就包含了許多分析哲學力圖清理的東西。比如，中國人特別喜愛作出形如「P 和非 P」的斷語，最常見的例子是：「一方面，我們應該看到……，另一方面，我們也應該看到……」這種話，把一切可能性都窮盡了，就像說「明天可能下雨，也可能不下雨」，說了等於沒說，因為它表達的訊息為零。

　　最典型的哲學廢話是關於「一分為二」與「合二為一」的爭論。

　　「一分為二」論堅持主張，世界上的萬事萬物都是處於對立、分裂、矛盾、鬥爭的狀態之中，事物只有通過對立、分裂、矛盾、鬥爭才能進步，而與之相對的現象或者傾向，諸如聯合、調和、統一等等，都是表

面的、暫時的、非本質的。「合二為一」論則是與之相反的主張，認為調和、聯合、和諧等等才是世界的本質。

「一分為二」論者舉出化學中的一系列分解反應作為論據，而「合二為一」論者則舉出各種各樣的合成反應（例如氫氧結合生成水）加以反駁；「一分為二」論者以階級鬥爭、農民起義為例來說明鬥爭是第一性的，並為自己論據的強有力和政治正確而洋洋得意，厲聲指責對方是主張階級調和與階級合作，不料「合二為一」論者發動了絕地反擊，使出了殺手鐧：「我們要解放台灣，這就是合二為一，你們主張一分為二，難道你們認為國家要永遠分裂下去嗎？」

別看這樣的爭論是多麼地強詞奪理，今天的人們很難想像會有多少從事理論工作的人捲入其中。據統計，在文革發動前夕的一年之內，有關文章的發表多達近 500 篇，而在文革結束之後的一年內，還發表文章60 多篇。

單純從哲學上講，這樣的爭論完全是中世紀的經院哲學式的爭論，在中世紀的西歐，經院哲學家們常常為下面這樣的問題而爭論不休：一個針尖上到底可供多少個魔鬼跳舞？

實際上，「一分為二」與「合二為一」爭論的惡劣影響和可怕後果已超出了哲學範圍，儼然成為了政治問題。「一分為二」被當成毛澤東反對帝國主義、修正主義和各國反對派的革命路線在哲學上的概括，而「合二為一」的支持者被說成是修正主義分子，其重要倡導者，中共中央黨校副校長楊獻珍更遭到長期監禁審查，幾乎被迫害致死。

這種哲學爭論引起的政治迫害，使我們聯想到歐洲中世紀神學爭論引起的宗教迫害。值得注意的是，當文革結束，在政治上為楊獻珍等人平反之後，中國學術界仍然有人繼續爭論「一分為二」與「合二為一」孰對孰錯，他們完全沒有看出那場爭論的神學性質，他們看不到那兩個口號沒有對錯高下之分，因為它們本身就是毫無意義的。

在我看來，「一分為二」與「合二為一」這種毫無意義的口號應該棄絕，兩個口號之爭的可怕悲劇絕不能重演，這種希冀可以凝聚為這樣的口號：「走出中世紀，走出經院哲學！」

我相信，這個期望不僅是我個人的，而且代表了一種傾向和共識。我們知道，在結束了文化大革命之後，中共重新提出了要在中國實現四個現代化（工業現代化、農業現代化、科學技術現代化和國防現代化）的戰略目標，這當然很得人心，但經歷過文革和熱衷於思考的人馬上就能看出，光是這樣還不夠，還應該加上制度與思想文化方面的內容。

旅店裡的研究生院

雖然志存高遠，但一到北京，我卻要面對自己完全沒有料想到的現實，對我打擊最大的是，我原以為中國社會科學院研究生院是一個具備現存校園的高等學府，有教學大樓、圖書館、教室、宿舍和運動場等等，但實際上，不但沒有校園，而且可以說是什麼都沒有。研究生院依附在北京師範學院下，借為數相當有限的房屋來辦公、教學，安排部分研究生入住。我到達北京時，研究生院哲學系的好幾十位學生，被安頓在北京正東面的通縣一家車馬店內，同學們吃住、上課都在這個旅店中。

面對眼前的景象，我感到雙重的震驚。第一、將研究生院哲學系的研究生安頓在一家旅店中長期住下去，社科院也太敢花錢了！第二、這家旅店是個車馬店，也就是說，它是用來接待車馬老闆及其牲口的，研究生和牲口共居一院，天明時分常常被驢嘶馬叫聲吵醒，這也是此前不能想像的。

實際上，把研究生安頓在這裡，正是上述兩種因素的綜合結果。第一、社科院經費充足，在無校園的條件下強行成立研究生院，不惜包住旅店，這是有錢的一面；第二、正因為包住旅店實在太貴，所以不得不

找相對便宜的地方，所以才有「研究生住車馬店」的奇特局面。

　　雖然身處的環境很是寒磣，但研究生院的開學典禮卻給我留下了極為深刻的印象。因為沒有自己的場地，院方在熱鬧的市區包場，租了一家高檔的電影院來舉辦 1979 屆研究生的開學典禮。在社科院和研究生院的領導魚貫而入登上主席臺時，許多人不禁驚叫出聲，因為其中出現了前國家主席劉少奇的夫人王光美。

　　劉少奇在文化大革命中被打成「叛徒、內奸、工賊」和「中國頭號走資本主義道路的當權派」，在尚未平反的當時，王光美在這種正式場合出現，無疑是一個最大的政治訊號，這說明了劉少奇毫無疑問，肯定會很快將獲得平反。這麼敏感和重大的訊號在這樣的場合出現，到場的人都不由自主地產生了某種親臨重大歷史事件之感。

　　王光美在眾多院領導中顯得很突出——她的實際地位並不高，只是社科院外事局局長，然而她不是徑直走上主席臺，而是緩緩地從後方往前穿過觀眾席，一路與坐在座位走道邊上的同學握手。當時我就坐在靠邊的座位上，只見她緩緩向我走來，神色凝重，滿目哀戚，邊握手邊跟我說：「謝謝！」

　　當院領導講話輪到王光美時，整個劇院爆發出雷鳴般的掌聲。她只簡單地說了幾句，大意是：「謝謝大家的熱心和關心，我知道，大家的熱心和關心並不是衝著我來的，歷史總有真相大白的一天。」

　　開學典禮結束之前，現場還播放了一部外國電影，它製作得美輪美奐，名字好像是《羅馬之戰》，這是西方國家製作的電影，一般中國老百姓看不到，觀眾有身份和級別的限制，被稱之為「內部電影」。看來，我初到北京，才與社科院沾上一點兒邊，就開始嘗到了特權的味道。

思想現代化

1978 年接近年底，魏京生在北京西單民主牆貼出大字報，提出第五個現代化的口號，要求將民主作為第五個現代化的目標。對於我來說，這第五個現代化的目標就是——思想文化的現代化。

以橫向比較而論，我所心儀的口號「走出中世紀，走出經院哲學」與魏京生的「以民主為第五個現代化的追求」有異曲同工之處，都是力求突破「器物」的侷限，著眼於精神文化層面的變革。

而要在縱向維度上溯源的話，那它承接的就是「改造國民性」的思想，與胡適、魯迅等人所提倡的「改造國民性」的口號相同，它把中國社會變革的希望寄託在變革人自身上面。如果說，「改造國民性」的思路以具有新精神面貌的人為新社會出現的前提，那麼「走出中世紀」的思路則是偏重於人的思維方式。

我在我的同代人中找到了知音，其中一位是胡平，另一位是周舵，兩位都與我同齡。

胡平很早就在成都傳播遇羅克的反血統論思想，他在從事跨校串聯活動時與我認識，我們的思想交流活動相當頻繁且深入，認識一年多之後，就一同研讀討論英國哲學家休謨（David Hume）的著作和英國經驗論哲學思想。相對於德國哲學傳統和黑格爾（Georg Wilhelm Friedrich Hegel）哲學對中國人今人窒息的強大影響，他和我都極其重視英國經驗論傳統和分析哲學新思維對中國人所能起到的啟發和解放作用。

周舵是我在社會科學院研究生院讀書時的室友，我們一見如故，大談用經驗主義、分析哲學、科學哲學來消解黑格爾式辯證法的必要性，我們都對國人固有的那種大而無當、左右逢源、空洞無物的言說方式深惡痛絕。時至今日，周舵仍在鍥而不捨地從事這方面的研究工作。

我是在 1979 年 9 月中旬來到北京的，當時中國的言論自由正處在被壓制和撲滅前的鼎盛期，自由言論的核心地帶就是不僅聞名全中國，而且引起世界關注的西單民主牆——那是位處北京市最繁華地段的一段長約百米的牆面，上面貼滿了大字報，闡述人們的政見，申訴個人冤屈，控訴黨政官員的不法行徑，甚至展示各色各樣的藝術作品。

民主牆前常常是人潮如湧、萬頭攢動，人們來自全國各地，急切地閱讀抄錄大字報的內容。我則是三天兩頭從通縣趕到西單，擠在人群之中看大字報。那時民間自辦的刊物如雨後春筍般地冒出，當中影響較大的是《北京之春》、《探索》、《四五論壇》、《今天》、《沃土》等等，其中《北京之春》的裝幀最漂亮，而《沃土》的理論水準最高。我看《沃土》最多，因為我的朋友胡平是該刊的負責人之一，得到這份刊物比較容易。

我剛到北京沒過幾天，正好碰到兩個案子開審，一個是審問並判決民運人士魏京生，另一個是審問民間維權人士傅月華。這兩個案子在中國和國際上都激起了軒然大波，自然也引起了我的密切關注。

魏京生於 1978 年 12 月初寫出大字報〈第五個現代化〉，提倡民主，引起當局的注意和不滿，他更是在第二年 3 月下旬寫出大字報〈要民主還是要新的獨裁〉，直截了當地斷言鄧小平是獨裁者。此大字報發布才過兩天，魏就遭到逮捕。魏京生在 10 月 6 日的庭審中作出陳述，有力地為自己辯護，他的朋友劉青等人設法進入法庭，偷錄了魏的自我辯護，轉成文字予以公布，我就是在西單民主牆上看到那份辯詞的，對於當局的「欲加之罪，何患無辭」深為不齒。

傅月華是一個小單位的女工，她於 1979 年初帶頭參加上訪人員的大遊行，在反抗當局對她打壓的過程中，她指控本單位黨支部書記對她的欺凌和迫害，她以誣陷罪被起訴。對傅月華的庭審引起萬眾矚目，本來當局以為已經安排好了一切，庭審只是走走過場，不料傅月華相當機智，在前期審訊時，她把一個致命的證據留住不用，以防當局採取應付

措施，直到庭審時才斷然拋出，形成致命的一擊。

傳出奇制勝的一招使得當局猝不及防、手忙腳亂，法庭宣布「因為出現了新證據，需要時間鑒別核實，擇日再審」。看來對傅月華的審判使當局產生了失敗感，因為哲學所的黨委書記在第二天便趕到哲學系，召集全體研究生講話，為審判傅月華一事作出解釋和辯護，他顯然擔心研究生們同情傅月華，而造成人心不穩。

那段時間還發生了一件大事，那就是星星美展。一批年輕的畫家、雕塑家、攝影家等，雖然沒有接受過專業訓練，沒有進入過藝術院校，但憑著自己的悟性、激情，對生活和生命的深刻體驗，創作出了震撼人心的作品，揭露文化大革命的醜惡，猛烈抨擊專制主義。他們的作品無法在正規的美術館展出，因此就把作品掛在中國美術館外的圍欄上，以此舉辦展覽。這是發生在 1979 年 9 月 27 日的事。第二次展覽舉辦於同年的 11 下旬至 12 月初，地點也不在美術館的室內，而是在北海公園裡面的畫舫齋。

舉辦這兩次星星美展時，我人已在北京，但因為人生地不熟，消息不靈通，因而錯過了。後來，在一些體制內有地位的老藝術家同情支持下，美展得以在中國美術館內舉辦。我於 1980 年夏季的一天下午去觀看了這次星星美展，算是躬逢其盛。王克平的作品《偶像》和其他好些（幾乎每一件）作品都給我留下了深刻的印象。後來在閒談中得知，不少研究生同學都曾去看過星星美展，只不過都是獨自一人前往，沒有呼朋喚友地結伴而去。那時形勢的微妙，由此可見一斑。

我到北京之後不久，中共黨內還發生了一件大事，引起我和其他研究生的持續關注，那就是中共黨內有 4000 多位高級幹部參加、有關起草「關於建國以來黨的若干歷史問題決議」的大討論。

起草決議和展開大討論的背景是：文革結束，毛澤東的親信被捕，中共面臨如何評價文革，如何評價毛澤東，如何確立下一步的政治路線

和經濟建設路線的問題，鄧小平感到有必要制定一個決議來統一思想。他和胡耀邦主持決議的起草，具體任務由社科院院長胡喬木負責。

哲學所有一個傳統，它歷來和中共黨內高層政治生活密切相關，因此，有關決議討論的動向和情況等消息，透過一些馬克思主義專業的研究生導師源源不斷地流出來。

當時哲學所的第一號人物叫孫耕夫，擔任黨委書記，兼任副所長，原為軍隊中的軍級幹部，也掛名帶研究生。他的學生轉述他的話說，相關決議的爭論十分激烈，關鍵問題是對毛澤東的評價。一派主張應該把毛的錯誤說夠說透，另一派則認為這樣就意味著砍掉了自己的旗幟。據說，一開始是前者的意見占上風，高官們提起文革中的倒行逆施和自己的遭遇時，無不義憤填膺，但最後仍是鄧小平一錘定音，他認為要維護共產黨就必須維護毛澤東。

3 年研究生的學習生活似乎乏善可陳，邏輯專業的學生有一門數理邏輯的課程，我從頭到尾參加，並參加考試；研究生院的英語公共課非常好，對我這樣的自學者尤其有用，但我去聽了幾次就放棄了，無法堅持的原因是，從通縣哲學系駐地到北師大研究生院本部，光單程交通就需要 3 個小時。

1982 年年中，我的論文《論羅素的邏輯原子論》經過答辯獲得通過，我得以從中國社會科學院研究生院畢業，並獲得碩士學位。經過努力爭取，我得以留在哲學所現代西方哲學研究室工作。

第三章

牛津大學的氛圍

幸得公費留學

從 1986 年 9 月到 1988 年 6 月，我在英國牛津大學留學兩個學年。我是通過全所範圍內的競爭，僥倖得到公派（官費）留學機會的。

1985 年年初，哲學所實行改革，一改由領導內定出國人員的做法，採取公平競爭，按分數選拔出國者的辦法。所謂分數，就是英語考試的成績。整個哲學所有 10 來個研究人員報名參加英語測試，他們要麼曾經是大學英語專業學生，要麼在外語學院經過一年進修培訓，我是唯一一個沒有接受過英語訓練的自學者，但結果卻是我勝出了。這是我碰巧遇到的唯一一次機會，在這之前和之後，哲學所都沒有實行過公開出國名額和公平競爭選拔的辦法。

我本來可以選擇去美國，可能大多數人都寧願去美國，因為在美國比在英國更容易爭取到資助，以便留在那裡繼續學習；但我執意去英國。一是因為可以去牛津大學（University of Oxford），二是因為可以拜達米特（Michael Anthony Eardley Dummett）為師。

當時有個英國哲學家格瑞林（Anthony Clifford Grayling）正在哲學所進行學術交流，我是現代外國哲學研究室的學術秘書，負責他的迎送聯繫，一來二去談得相當投機，他表示願意幫助並推薦我前去牛津拜達米特為導師。有這麼難得的機會，我自然不願放過。

了解西方哲學的人都知道，牛津大學的哲學研究源遠流長，一直根深葉茂，在 19 世紀，牛津哲學就因為格林（Thomas Hill Green）和布拉德雷（Francis Herbert Bradley）等新黑格爾主義者的巨大影響而奠定了自己在英國和西歐哲學界的領先地位。第二次世界大戰前後，在牛津形成了以賴爾（Gilbert Ryle）、奧斯汀（John Langshaw Austin）和斯特勞

森（Sir Peter Frederick Strawson）為代表的所謂「牛津學派」或「日常語言分析學派」。

從 20 世紀 70 年代起，以牛津著名哲學家達米特為代表的「反實在論者」提出了當代西方語言哲學中的一系列重要而有影響力的主張。我抵達牛津時，斯特勞森尚未退休，正在作一系列關於哲學與形而上學的講演，大受歡迎，而達米特有關邏輯基礎的課程正引得聽眾蜂擁而至。選擇牛津使我得到一個目睹語言分析哲學方興未艾的景象。

開學的第一天上午，我選聽了斯特勞森的講課，他這學期講課的總題目是「哲學導論：分析和形而上學」，第一講的題目是「什麼是哲學？」因為主講者是著名哲學家，前來聽課的人（不僅是學生）非常之多，整個講演廳擠得滿滿的，晚到的人只能坐在講演廳過道的地板上。斯特勞森身著講課專用的黑袍準時入場，沒有什麼開場白，直奔主題。

他開始時引用彌爾頓（John Milton）和濟慈（John Keats）的詩句，然後引證沙特（Jean-Paul Charles Aymard Sartre）、海德格（Martin Heidegger）和賴爾的觀點，用以說明不同的人對於「什麼是哲學」這個問題有著不同的理解。他的講授基本上是宣讀講稿，很可能這不是他首次談這個話題，所以他顯得是駕輕就熟，從容不迫。

據我的理解，他的哲學觀最終還是落腳於後期維特根斯坦的「語言治療」主張，即認為哲學問題的產生是由於人們錯誤地理解了語言的本質，只要對這種語言病加以治療，就使哲學問題消失。

對於這樣的說法，我始終心存疑慮，因此想趁機向他請教一下。待他講演完畢，我走上前去向他問道：

「斯特勞森教授，我相信你還記得，在麥奇（Dr. Bryan Magee）的《現代英國哲學》一書中曾提到這樣一件事，羅素（Bertrand Arthur William Russell）和波普（Sir Karl Raimund Popper）在批評維特根斯坦（Ludwig Josef Johann Wittgenstein）和日常語言學派

時說，他們主張透過研究語言來研究哲學，就像一個人為了看得清楚而要把眼鏡擦亮，但這個人卻老是擦眼鏡而不戴上眼鏡看世界，請問你是如何看待這個批評的？」

我的問題似乎有點出乎他的意料，他沒有立即作答，這時剛好有人來找他，他來不及說什麼就離開了。

當天晚上，牛津大學哲學系舉行晚會，慶祝新學年的開張。斯特勞森是到場的唯一一位教授，他對人親切和藹，笑容可掬。因為各國學生都爭相與他交談，所以我只能與他短暫交流。我告訴他兩件事，一是有中國學者準備翻譯他的重要著作《個體（Individuals:An Essay in Descriptive Metaphysics）》，二是有機構計劃在合適的時候邀請他到中國進行學術訪問，他聽了之後顯得很是高興。

在這個開學首日的上午和晚上，我兩次與斯特勞森交談時都稱呼他為「斯特勞森教授」，這其實是不對的，不符合英國的禮儀。早幾天前，格瑞林博士就已經告訴過我，為了表彰某些科學家、學者、藝術家的突出貢獻，英國女王會冊封他們為「爵士」；在牛津，就有兩位著名的哲學家獲此殊榮，一位是艾耶爾（Alfred Jules Ayer），另一位就是斯特勞森。為了顯示出這種區別和尊重，我們對他們的稱呼就不應該是「艾耶爾教授」跟「斯特勞森教授」，而是「阿爾弗雷德爵士」（Sir Alfred）跟「彼得爵士」（Sir Peter）。

為了這個「爵士」稱號問題，我還和格瑞林博士有過一番爭論。我說，一個大哲學家的價值遠遠高於一個普通的貴族，把一個大哲學家稱為「爵士」，不是抬高他，而是貶低了他。格瑞林博士笑著對我解釋說，這裡有一個社會文化傳統問題——如果某個哲學家受封，說明了哲學家的貢獻得到承認，受到重視，從而能引起大家對於哲學家本人學說的關注，所以，哲學界還是希望有人能得到封爵這種榮譽的。

他還不無憂慮地告訴我，據他估計，達米特教授將不會被授予爵士

爵位。雖然他的學術成就很大，社會名聲也很高，但他常常批評保守黨政府的政策，所以他認為英國政府不會提名他。不過，事實證明格瑞林博士的預言並不正確。在我告別牛津和達米特教授 11 年之後，達米特教授因為反對種族主義鬥爭的積極活動和對哲學的巨大貢獻而受封，他被尊稱為「邁克爾爵士」（Sir Michael）。但我沒有弄清楚的是，達米特教授封爵是因為英國政府沒有計較他對政府的批評，還是因為英國政府實行了政黨輪替。

哲學的自由學府

有人說，牛津真是研習哲學的風水寶地，這首先是指，呈現在學生眼前的，是豐富無比的哲學課程，令人目不暇給，美不勝收。

牛津的哲學課程分為兩大類，一種是一般性講課，每次一個小時，內容非常廣泛，其大類有古代哲學史、中世紀和近代哲學史、哲學邏輯、語言哲學、精神哲學、科學哲學、道德哲學、政治哲學、宗教哲學、美學、邏輯和數學哲學等。另一種是研究生研討班，由講演者談一個小時左右，然後聽者提問題，大家一同討論。當然，任何人都可以自由地參加課程，不管他們是不是哲學系的學生，也沒有哪門課是學生非參加不可的，導師只是向學生介紹並推薦一些課程。

有一次，在我選聽的兩門課程「哲學邏輯導論」和休謨的「人類理解研究」之間有一個小時的空檔，為了消磨時間，我隨意走進了一間講演廳，發現那是斯溫伯恩（Richard Swinburne）教授的宗教哲學課，我一下子就看出，這門課程對於許多學生來說是相當有吸引力的。斯溫伯恩教授的主題是分析宗教主張的含義，並為這些主張的成立作論證。

他正在說明，當我們說「上帝存在」時，我們的意思是什麼。他分析道：這分別指世間存在著一個人，祂是無肉身的，祂是宇宙的創造者，

祂是無所不在、全知全能的……斯溫伯恩教授的講課生動活潑,他不時向學生提問,與聽者交流。有個印度女學生聽講專注,發問和回答都頗得教授的欣賞,相當引人注目。

雖然這堂課氣氛相當活躍,但我覺得所講內容太過淺顯,而且,為宗教主張所作的辯解與一般教士在佈道會上的講演差不多,不足以應付現代科學發展的挑戰,所以我沒有興趣繼續聽這門課。

然而,透過廣泛聽課,我糾正了自己剛來牛津時的一種看法。跟很多人一樣,我曾以為牛津既然是分析哲學的大本營,當然會有一枝獨秀的局面。但實際情況並非如此,分析哲學和科學哲學雖然是牛津最強、最有特色的學科,但它們並沒有占據統治地位。和任何其他地方一樣,有關人類前途、人生意義的課題,如政治哲學、宗教哲學、人生哲學等等,吸引了大多數聽眾,而那些技術性較強的科目,如語言哲學、數學哲學、邏輯基礎等,卻是聽者寥寥。

在來牛津之前,我跟某些人一樣,估計牛津的哲學風氣一定帶有敵視德國哲學,特別是黑格爾哲學的意味。但我發現,實際上我想像中的那種同仇敵愾的火藥味並不存在。在牛津,有一個「德國哲學研究會」,大致每週舉行一次講演討論,其題目十分令人感興趣,比如有:〈康德(Immanuel Kant)和後現代主義〉、〈賀德林(Johann Christian Friedrich Hölderlin)和尼采(Friedrich Wilhelm Nietzsche)〉、〈叔本華(Arthur Schopenhauer)論自我〉、〈海德格爾(Martin Heidegger)和列維納斯(Emmanuel Lévinas):死亡與他人〉、〈康德學說中的瘋狂和性〉、〈尼采和阿多諾(Theodor Ludwig Wiesengrund Adorno)〉等。

我相信,這些題目超出了許多中國哲學工作者對於牛津哲學的想像。不僅如此,在牛津還有「黑格爾政治哲學」系列講座,通常為一週一次,有時甚至是一周兩次,其題目如:〈黑格爾著作中的自由和意志〉、〈黑格爾的國家和市民社會中的自由〉、〈黑格爾和馬克思的辯證法〉等等。

在選聽了一些一般課程之後，我決定去嘗試研究生研討班。這時有個科目吸引了我的眼球，它的名稱叫做「當代馬克思主義」，我很想知道這門課在牛津是如何講授，以及聽講者的情緒反應。此外，這門課的主要主持人是柯亨（Gerald Allan Cohen）教授，我在國內當研究生時曾翻閱過他的一本書，知道他是力圖以語言分析的方法來研究捍衛馬克思的歷史唯物論，形成了所謂的「分析的馬克思主義」學派。這個研究生研討班的第一講題目是「使馬克思更像達爾文」，講演者為赫德福德學院的托倫斯（John Torrance）先生，本次研討班的主持者就是柯亨教授。

這門課看來極受學生重視，來自世界各國、身著各色服飾、具有不同膚色的學生把一個大講演廳擠得滿滿的。托倫斯先生講演一開始引用了恩格斯（Friedrich Engels）在〈馬克思墓前演說〉中的一段話。

恩格斯說：「就像達爾文發現了有機界的進化規律一樣，馬克思也發現了人類歷史的發展規律。」托倫斯先生由此發揮說，馬克思所發現的人類歷史發展規律就類似於生物界在自然選擇過程中的進化規律。

聽到這裡，我覺得這樣的論證太牽強附會，心中已打定主意不再參加這個研討課程了。托倫斯先生繼續說：「就像生物界的物競天擇是由物種對環境的適應性所決定的一樣，在人類歷史的發展中，社會的選擇是由再生產決定的。」他的見解顯然難以得到聽眾的支持，待他講演完畢，主持人柯亨教授率先提出了一連串的駁議，他的犀利言辭和對馬克思主義經典的熟悉，尤其是他對馬克思的基本論點和論證之間邏輯關係的透徹理解，讓我印象十分深刻。

托倫斯先生在柯亨教授的猛烈火力之下似乎只能勉強招架。接下來，不少學生也發表對他論點的批評意見。當然，柯亨教授在結束語中還是說了一些客氣話，對托倫斯先生的發言給予了一定的正面評價。研討班雖然充滿了激烈的交鋒，但仍結束得十分平和。

「當代馬克思主義」研討班一共有 7 次，其他各次的題目是「馬克

思和道德」、「剝削和勞動價值」、「資本主義遊戲中變化著的規則」、「理性選擇馬克思主義」、「市場和計劃」、「列寧、黨以及革命」，最後一講是柯亨教授自己的「共產主義何以可能？」我只參加了第一次討論課，就已經給它貼了一個標籤：「學院派馬克思主義」。

我再次在精神和哲學的意義上與柯亨教授碰面是在 10 多年之後，2002 年我重訪牛津，在此期間，我寫了一篇文章，介紹他的著作《自我所有、自由和平等》，並對其中的關鍵論點作出了評論。

我高度重視柯亨的這部著作，認為它是少見的正面回答「社會主義與資本主義誰勝誰負」問題的重要論著。柯亨的難能可貴之處在於，他不是教條式地站在道德制高點上捍衛社會主義原則，而是敢於直面自由主義政治哲學家所提出捍衛財產私人所有權的雄辯論證。他回顧說，在 1972 年之前，他以為對於社會主義原則的任何批評他都有現成答覆用來反擊，但諾齊克（Robert Nozick）的論點使他受到衝擊，感到焦慮不安，似乎讓他從教條式的社會主義迷夢中驚醒。

柯亨當然還是執著於自己的社會主義信念，但他不得不精巧地構思出一系列論證來應付自由主義哲學家的學說。我認為，柯亨的論證有重大缺陷，未能成功，但他的見解豐富且深化了哲學家們有關社會主義和資本主義問題的爭論和討論。我很高興地看到，在我的推介之後，中國大陸哲學界也開始重視研究柯亨的觀點。

師承達米特

當然，聽講課和參加研討班並不是在牛津研習哲學的全部，更重要、更有啟發性、更具牛津特色的是指導教授對學生的個別輔導，那是一對一的私人授課，牛津的導師制是舉世聞名的，我早在國內就有所聞。學習者往往就是在導師面授時獲得學問的精髓，而導師也是在面授

這種場合興之所至、傾其所有、盡情發揮。我懷著極大的期待，等待與達米特的會見。

第一次見面前，我收到達米特教授的一封短信，告訴我怎麼去他的辦公室。我驚訝於他的說明是如此簡潔，雖然只有短短幾行，以牛津某個容易識別的地方為原點，每一個拐彎或進門處都有交代，按圖索驥，再笨的人都不會走錯。我天生喜歡這種預先細心準備，用語準確、清晰的風格。平時我自以為頭腦清楚，是個明白人，但達米特的短信讓我感到他更是技高一籌，把事情交代得極為清楚、簡潔。因此雖然尚未見面，我對他已平添了幾分敬意。

當天我準時到達了達米特教授的辦公室，我們商定，我的研究總課題為「語言哲學的最新發展」，我們將每兩周見一次面，每次時間為一個下午，詳細討論我按照他給出的題目所寫下的作業（paper）。每次見面他會為下次討論給我指定一個題目和幾本參考書，在我完成作業後提前一天，將列印好的文稿送到他所在學院的郵件箱，以便他事前閱讀，第二天見面時再跟我討論。

第一次面談，他要我研究德國數學家、哲學家弗雷格（Friedrich Ludwig Gottlob Frege）的思想，並開列了 3 本弗雷格本人的著作要我閱讀。在他問過我掌握德語的程度之後，我們還就弗雷格著作中的幾個重要概念及其英譯作了詳細討論。

達米特教授要我研究弗雷格，其實是在我的意料之中，因為弗雷格是現代語言哲學的奠基人，而達米特教授也是以他的名著《弗雷格：語言哲學》而在西方哲學界嶄露頭角的。如果按照國內熟悉的順序，研究了弗雷格之後，接下來應該是羅素，然後是維特根斯坦；但達米特教授給我的第二個課題一下子就跳到了當代美國的「哲學新星」克里普克（Saul Aaron Kripke），他叫我研究克里普克的「指稱因果論」，還要閱讀英國哲學家伊萬斯（Gareth Evans）的書（我後來發現，英國語言哲學界對伊萬斯這位英年早逝的哲學家的思想極為重視）。我明白，達

米特教授不是按照歷史順序，而是根據問題的內在邏輯關係為我安排研究計劃。

過了不久我就發現，每次要完成指定的作業並和達米特教授討論，是一件頗為吃力的事。寫文章之所以費事，還不在於英文寫作和打字的麻煩，而在於必須在文章中發揮自己的獨到見解，並以西方哲學家之間論戰的方式和標準，對當前西方語言哲學中重大問題的爭論發表意見。在討論中，不僅需要對廣泛的文獻相當熟悉，而且必須以西方人認可的、技術性較強的方式立論辯駁。幸好，在來牛津之前，我已經在學術上作了較為充分的準備，達米特教授指定閱讀的書目，我基本上都已經讀過，他所出的題目，我也大致研究思考過；所以，到牛津大學在達米特教授的指導下研習，是種充實與提升，而不是從頭學起，否則，是完全跟不上進度的。

與達米特教授討論問題是令人高度緊張的，有時甚至使人筋疲力竭。也許有人馬上會想到問題出在語言方面，但其實我從第一次跟教授見面起就未曾感到有語言問題，因為達米特講話較慢、很清晰。他在很多時候實際上是要求學生與他一同重新研究某個哲學問題。

看得出來，達米特並不打算在我們面談時做傳授知識這一類事情。他常常陷入沈思當中，然後小心翼翼、字斟句酌地表達他的思索。坐在他對面，我感受到一種巨大的精神張力。他很少流暢爽快地表達自己的思想，就像一個老練的拳手，並不是一味出擊，更多的是跳躍、閃躲，因為他知道，稍不留意就會招致失誤。達米特教授的思路頗具分析哲學家的特色：縝密、精確、清晰。他對自己的每一個論點、假設，都從各種角度加以反駁，往往是剛一提出某一設想，立刻就找到了否定的理由。

我們的討論進展很慢，但有一種堅實感。他時常在談話的過程中突然停下，冷不防地問我一句：「你是怎樣想的？」為了應付他這種突襲，我必須毫不停頓地、緊張地思索。有時，經過長時間討論而未能得到重要結論，他也會慨然宣佈：「看來我們現在還無法解決這個問題。」

在我留學英國期間，我感到最大的收獲就是──有機會從近距離觀察到一位當代一流的哲學家是如何思考哲學問題的。在面談時，我捕捉到了達米特教授生動、活躍的思想，甚至覺察到了他在獲得哲學真理時或解決了一個哲學難題後的興奮和喜悅。

有一次，他讓我做「克里普克論維特根斯坦的『遵守規則』」這個題目，這是一個具有美感的題目，它讓我看到一個當代最有才氣的邏輯學家、哲學家深入到維氏思想的奧妙之處施展拳腳的膽魄和功力，體會到哲學的那種內在力度和壯美。

在和達米特討論我的論文作業時，我們一致同意，克里普克曲解了維特根斯坦，但這是一種極其深刻的、極有啟發性的、受歡迎的曲解。達米特談得高興，動情地回憶起他曾親身參與在奧地利克爾西堡國際維特根斯坦年會的情況。他說，當克里普克作完關於維氏的「遵守規則」講演後，維特根斯坦的學生，劍橋大學的安斯康姆（Gertrude Elizabeth Margaret Anscombe）教授急忙走上前去，握住克里普克的手連說：「Thanks million，thanks million（萬分感謝，萬分感謝）！」

他告訴我，安斯康姆知道克里普克曲解了維特根斯坦，但天底下除了這位超級哲學新秀和邏輯天才，還有誰能這麼美妙、深刻地曲解維特根斯坦呢？我發現，達米特這個典型的英國人，平時顯得是那麼冷淡，給人很大的距離感，講到此處，居然眼框裡閃現了幾許淚花。

達米特不僅單純是個哲學家，還在其他領域展現出巨大的熱情和超人的智力。他和他的夫人都投身於反對種族歧視、爭取種族平等的社會運動中，他與夫人經常出現在電視節目中，或大聲呼籲，或嚴厲斥責；這時，他的形象不再是冷靜、超然的哲學家，而是充滿激情和鬥志的社會活動家和改革者。

最使人想不到的是，達米特曾經擔任過幾屆國際橋牌聯合會的主席，這不是因為他的牌技有多麼高超，而是因為他出版過好幾本有關橋

牌的專著，書中描述並考證了橋牌如何從發源於義大利一個小地方的簡陋遊戲變成一項成千上萬人喜愛的運動，並細數橋牌規則在歷史過程中的變化發展。有好幾個學年的假期，他自費前往義大利，考察橋牌的起源和發展。看來，達米特對許多益智活動都有嗜好，他還會下中國象棋，我相信這在西方人之中並不多見。

真相與統戰

在牛津，我的生活充實而規律，主要的活動是看書、上課、見導師，寫 paper，次要的活動是上市場買食材，自己做飯。交了幾個英國朋友，目的是練英語和了解民情。留學生中盛行打網球和舉行橋牌比賽，我不但不參加，還刻意躲得遠遠的。有兩件事，時隔多年，我依然記憶猶新。

剛到牛津沒幾天，我接到學生學者聯誼會通知，前去學生會所在地報到並參加活動。我發現在那個室內的一張大桌子上，擺放了一本書，灰色的封面上沒有作者或編者的姓名，也沒有標明出版社，全書大約有 200 來頁。打開書一看——好傢伙！全是大陸中國人所不知道的、關於中共統治不利的負面消息。我自從文化大革命起就一直想方設法，意圖搜尋閱讀所謂的「內部書籍」，自以為在思想上突破了當局的封鎖，對歷史真相已有相當的了解，應不致有太多訊息死角；在翻閱這本書後才知道自己錯了，太自以為是了，大大地高估了自己的知識，低估了當權者封鎖消息的力量和有效性。

一整個下午我都在學生會瀏覽這本書，總計下來，書中提供的負面資訊，大約有一半是我已經知道的，另外一半是我以前不知道的。書中給我留下鮮明印象的一篇文字，講的是金門之戰——古寧頭戰役，中共解放軍於 1949 年 10 月下旬渡海進攻金門，結果慘敗，全軍覆沒。

我問學生會幹部這書從何而來，得到的答覆說是大使館發的，其

餘沒有多說。我想，事情大概是這樣的：大批中國大陸留學生來到海外，免不了與台灣、香港和西方人交流，爭論中常常會處於可笑尷尬的境地，因為他們對於很多重大歷史事件不是茫然無知，就是所相信的完全與事實不符，為了減少並避免這樣的狀況，有關部門編撰了這本書，讓大陸來的留學生們了解一些狀況，預先有個心理準備，以避免因為無知而鬧笑話。我在那之後常不時向朋友們提起這本書，總是把它稱之為《當權者為其子民提供的最低量負面資訊匯編》。

第二件事是招待和統戰台灣留學生。大陸駐英使館的王參贊經常來牛津，以掌握留學生的思想動向。有一次他給留學生們安排了招待和統戰台灣留學生的任務，說是要與他們交朋友，以宣傳祖國的建設成就和黨的對台政策。他告訴大家，使館為此有專用經費，招待費可以報銷，請大家把購買食品、飲料、水果的發票保存好，以便到時由使館返還招待之費用。王參贊還特別提醒大家說，經驗證明，交朋友往往不成功，原因是雙方一談起政治就各不相讓，爭吵不休，他要大家一定得克制，千萬避免吵架。

與我同住一層樓的學生會幹部吳同學決定邀請他的一位台灣同學來我們這裡一聚，並請我和另一位留學生作陪。他準備了一頓豐盛的晚餐來招待這位台灣同學，但出人意料的是，事情完全搞砸了，大家最後是不歡而散。原因在於，這位吳同學就像其他大多數大陸留學生一樣，十分政治化，沒有牢記王參贊的囑咐，在交談中避免敏感的政治話題。而那位台灣同學雖然面相老實木訥，但相當堅持己見，觀點不同時據理力爭，毫不退讓，整個晚餐過程中爭吵不斷，飯沒有吃好，吵架就吵飽了。看來，王參贊確實經驗老到，他的預先提醒是不幸言中。

1988 年 6 月中旬，我從牛津返回北京，中途在香港停留一周。

牛津留學兩年是我人生旅程中重要的一段。在這期間，我身臨其境地觀察到了世界一流哲學家是如何工作的，他們如何在學術上進行研究和創新，他們把什麼當成成就和創新；我看到了傳統是如何在英國不同

階層的人中間得以保存的，他們敬畏什麼，鄙棄什麼；我也有機會了解到普通英國人的日常生活，他們喜歡什麼，追求什麼。總之，我帶著滿腦子的新鮮資訊和十足的底氣，從牛津回到了北京。

第四章

80 年代「文化熱」的榮景與脈絡

求知若渴的年代

對中國知識界而言，上世紀 80 年代是值得追憶和緬懷的時光。一提起 80 年代，人們立即會想到一個詞彙——「文化熱」。確實，人們用「熱」來形容當時思想文化活動的活躍與豐富，在我的理解中，「文化熱」這種現象首先是指中國人，尤其是大學生表現出對於文化的巨大熱情，對文化活動的積極參與。

發生在當年的以下事實在現今實在是難以想像的：人們為了能買到像《安娜·卡列尼娜》或《莎士比亞戲劇集》這樣的文學名著，可以在書店門前徹夜排隊；當時的中國，幾乎每一個大學生都熱愛詩歌，都想當詩人，各個大學的詩社如雨後春筍，破土而出，遍地開花；當時出版尼采的著作《悲劇的誕生》，海德格爾的《存在與時間》，在幾個月內銷量都超過十萬冊。

年輕人懷著急不可耐、甚至饑不擇食的心情，吸收追求當代流行於國外的新思潮、新知識。記得人民大學開設「現代西方哲學系列講座」，可容納千人的大禮堂場場爆滿，其中包括武漢大學江天驥教授講「邏輯實證主義」，北京大學熊偉教授講「存在主義」，雖然講座內容艱澀難懂，夏日遠道趕來的人不免揮汗如雨，但人們還是趨之若鶩。

「文化熱」的首要特徵是千百萬人懷著巨大的熱情投入文化活動，第二個特徵則是社會上出現了為數眾多的民間文化團體，不受政府的指揮，自發地、自主地從事文化產品的生產。其中，以各種名號編輯、出版大型叢書的叢書編輯委員會尤為活躍，《走向未來》叢書編委會可算是突出一例。

1982 年 5 月，《走向未來》叢書編委會宣告成立，1984 年，該編

委會與四川人民出版社合作出版的第一批書籍問世，引起熱烈反響，某種程度上，這代表著 80 年代「文化熱」的開端。

在此之前的 70 年代末和 80 年代初，公共知識分子尚未出現，所有能夠發表觀點的還都是些體制內的人，書刊的出版權完全掌握在官方出版社手中。《走向未來》叢書編委會的出現算是一種處於萌芽狀態的嶄新結社方式，這正說明了知識分子可以不依附於自己所在的事業單位，而是在社會上形成一種新的結構組織來從事思想文化活動。固然，知識分子掙工資的地方還在體制內，在原單位，但這一點已經不重要了，甚至是可有可無；他們從事文化活動的空間一下子拓寬到社會。這意味著他們的社會作用開始得到顯現，這也可以算是大陸公共知識分子的雛形。

百家爭鳴

在眾多民間文化團體中，最知名且成果最豐富、影響最大的，大約是以下幾個：

- 中國文化書院
- 《走向未來》叢書編委會
- 《新啟蒙》叢刊
- 《二十世紀文庫》編委會
- 《文化：中國與世界》編委會

◎中國文化書院

中國文化書院，成立於 1984 年 10 月，院長湯一介，名譽院長張岱年。書院的導師陣容極為可觀，網羅了一大批碩學鴻儒，如梁漱溟、馮友蘭、季羨林等。書院以復興中國傳統文化，介紹當代儒學為己任；而

當時有兩個重要因素十分有利於這個目標的達成。

文革期間中國曾經發動過「批評批孔」運動,文革被否定後,撥亂反正,國學乘勢反彈,弘揚傳統文化的風氣大盛。在 80 年代,全民已達成目標是實現現代化的共識,亞洲四小龍成就斐然,引起國人的關注和羨慕,其中的新加坡、台灣等地,傳統中國文化不但不是現代化的阻礙,反而成為助力;這使得大陸知識界中的部分人士,出於實現現代化的目的,而大力主張重新評價看待傳統文化。

這樣的氛圍對該書院的社會活動十分有利,使其在海內外贏得了廣泛的名聲。中國文化書院敬重傳統文化價值,但在行動上卻相當現實,操作能力特強,圍繞著中國傳統文化這一主題,開展過多種研討和教學活動,策畫了多次大規模的國際學術會議,還普遍地舉辦過短期講習班、進修班、函授班,帶來了良好的社會影響。

◎《走向未來》叢書編委會

《走向未來》叢書編委會,主編金觀濤,顧問包遵信等,其基本理念是:在科學理性的基礎上重建中國文化。

這個編委會的成員包括中國科學院的工作人員,他們是熟悉自然科學的年輕人,他們大力介紹由自然科學最新發展帶來的方法論和世界觀,力圖以一種新的歷史觀考察人類的歷史和預判未來。由於該編委會倡導的科學精神與五四新文化運動的精神一脈相承,由於整個國家與民族都沈浸在「科學的春天已經來臨」的樂觀氣氛中,因此本套叢書從宗旨到內容都大受歡迎。

這個編委會存活的時間只有幾年,但出書 74 種,發行量很大,其中有些單一書種的出版量就高達 100 萬冊,由於其編撰重視通俗性和可讀性,這套叢書普受廣大青年的歡迎,對於塑造一代人的世界觀起了很

大作用。

　　下面 3 本書可以作為範例，說明叢書的傾向和性質：

• 《增長的極限：羅馬俱樂部關於人類困境的研究報告》
• 《在歷史的表象背後：對中國封建社會超穩定結構的探索》，金觀濤著
• 《讓科學的光芒照亮自己：近代科學為什麼沒有在中國產生》，
　劉青峰著

◎《新啟蒙》叢刊

　　《新啟蒙》叢刊，主編王元化，編委有黎澍、于光遠、李慎之、王若水、李洪林、李銳等人，這是一批在中共黨內有高級職位的知識分子，他們在青年時代抱著追求自由民主的真誠信念投身於中共革命，但中共建政之後的現實卻使他們失望和痛心，他們之中還有人因為直言己見而受到打擊和處罰。他們以繼承復興五四新文化運動的啟蒙為己任。

　　與五四的啟蒙一樣，80 年代新啟蒙的任務也是要反對封建主義（準確地說是專制主義），弘揚科學與民主。他們用馬克思的「異化」概念來解釋社會主義制度下對人民的剝奪和壓制，他們高揚的旗幟是人道主義──因為他們認為馬克思主義的價值和生命力就在於它是一種人道主義。

　　由於中國共產黨的統治思想是馬克思主義，所以其言說方式有利於他們思想的傳播。中國當權者中的正統派將這批人視為異端當中最危險的存在，因此在清理和整肅運動中他們首當其衝。該叢刊於 1988 年 10 月創刊，於 1989 年 4 月出版第 4 期後被迫停辦。

◎《二十世紀文庫》編委會

《二十世紀文庫》編委會，主編鄧樸方，實為掛名，真正的操作者為李盛平、陳子明等人，與華夏出版社等機構合作，翻譯出版西方社會科學圖書近百種，學科集中於政治學、社會學、法學，兼及心理學、經濟、哲學、歷史等。

該文庫的操辦者特別重視所引進的文化、理論在中國的實際運用，事實上，在他們的心目中，已經存在著一個中國社會變革和建設的總體目標與設想，文庫所策劃和出版的書籍，都是為了下一步實現這個目標和設想而來，這一點可以從以下收入文庫的書籍中看出：

• 《難以抉擇：發展中國家的政治參與》，杭亭頓（Samuel Phillips Huntington）著
• 《社會主義的所有制與政治體制》，布魯斯（Virlyn W.Bruse）著
• 《大眾傳播媒介與社會發展》，施拉姆（Wilbur Schramm）著
• 《國際法原理》，凱爾森（Hans Kelsen）著
• 《法律社會學導論》，科特威爾（Roger Cotterrell）著
• 《人力投資、人口質量經濟學》，狄奧多・舒茲（Theodore William Schultz）著

該文庫的活動偏重於紮實耕耘，在 80 年代的文化熱中雖未造成一鳴驚人的影響，但在 10 多年之後，其長效作用開始逐漸顯現。

◎《文化：中國與世界》編委會

《文化：中國與世界》編委會，主編甘陽，其學術主力由新近畢業的研究生構成，而核心成員為北京大學和社科院哲學所中現代西方哲學的年輕研究者。

該編委會的主要任務是引薦 20 世紀西方人文主義思潮，核心是現代和當代哲學學說，如現象學、存在主義、解釋學、宗教哲學、心理分析、語言哲學等，翻譯出版了一系列現代西方經典名著，如《存在與時間》、《存在與虛無》、《新教倫理與資本主義精神》、《資本主義文化矛盾》、《在約伯的天平上》等等，引起知識界的深度重視。該編委會同時推出以下 4 個系列的學術文化產品：

- 《現代西方學術文庫》，即長期、深刻影響西方社會的哲學經典著作。
- 《新知文庫》，份量上不如第一類那麼厚重，但仍然有巨大影響的哲學社會科學著作。
- 《文化：中國與世界》集刊，不定期期刊，研究中西文化及中西文化比較的論文。
- 《人文研究叢書》，關於宗教、哲學和其他人文學科的原創性研究著作。

因為其基本骨幹成員是治西學的年輕學者，而他們對西方學術文化又抱持著欣賞的態度，因此該編委會一度被視為全盤西化的代表，而他們也欣然接受這樣的定位。

應該看到，在 80 年代的「文化熱」中，人們大談文化，但其出發點和目的其實都是政治。大家都知道，在中國最重要、最緊迫的任務在政治方面，而非文化，或者說，為了有良好的政治，必須有良好的文化作為基礎。

文化熱背後

由於政治是禁區，人們就以談文化的方式迂迴前進。所以，想理解 80 年代中國知識界的話語，勢必需要一套密碼翻譯方法。比如，當知識分子批判中國的封建主義，其實指涉的是當代中國的專制主義。

我們還應該看到，當時一些驚世駭俗、被中國共產黨視為大逆不道、被官方發動運動批判的觀點，其實僅只是民主社會的一般常識而已。比如，李洪林主張「讀書無禁區」，並主張「政治問題可以討論」。人們無不驚異於他敢於提出這麼大膽的言論，登載他此番言論的雜誌、報紙則是心驚膽戰，擔心哪天被查封，其實，真正該吃驚的是——連這樣的常識竟然還值得專門提出來！

80年代的「文化熱」在某種意義上也可以叫做美學熱，當時的顯學是美學與文學，影響最大的理論大家李澤厚本身是美學家，另一個有影響的理論家劉再復則是文藝評論家。

人們普遍關心政治，但他們讀的、思考的是美學、文學、倫理學問題。對此，我們可以從中國文化傳統中找到原因。從古至今，中國人最為關注的問題是安身立命的終極關懷，那就是——如何當一個儒雅君子。在中國傳統文化中，缺乏對於社會制度、政治制度安排原理的關心和思考，中國傳統文化是一種向內自省而不是向外索求的文化。

我們可以斷言，中國知識界在80年代對於社會運動和政治變革缺乏準備。當1989年學生上街遊行，當他們向當局提出自己的民主訴求時，中國知識界除了在道義上做出聲援，並不能提供多少切實可行的教導和勸告。

意見領袖的盲點

「文化熱」的第三個特徵是出現了眾所公認的思想英雄和文化旗手，他們以自己的論著對公眾發聲，啟發萬千讀者，思考時代的走向、社會的弊端、人類的未來、一代人的責任，他們是80年代眾望所歸的啟蒙導師。

80年代思想最具高度和深度，最成體系且影響最大的思想家，無

疑是李澤厚。這得益於他在理論上巨大的吸納、綜合、建構能力，不拘泥於「我注六經」，而是「六經注我」的勇氣。他的基本思想觀念明顯來自馬克思，這使他的觀點在當時的總體水準上具有可理解性和可接受性，但他之所以脫穎而出，還是在於他以其他思想資源來擴充、豐富馬克思主義的基本理念。

也就是說，比起其他理論家，他沒有畫地為牢，而是從馬克思主義陣地向外跨出了小半步，這主要包括：

• 吸收、利用當代西方哲學思想成果，比如用盧卡奇（Lukács György）、葛蘭西（Antonio Francesco Gramsci）等人的西方馬克思主義來拓寬正統馬克思主義，用結構主義來改造單因決定論和豐富認識論；
• 他有相當豐富的中國思想史資源；
• 他充分吸收康德的哲學思想資源，將康德的主體性思想置於自己理論體系的中心，他擯棄了視黑格爾哲學為西方哲學最高成就的舊套路，雖然這一點對於了解現代西方哲學的人是常識，但在中國當時的環境中，這需要非凡的勇氣和洞察力；

• 他把自己的專長——美學置於自己思想體系的核心地位，這大大增加了他的學說的新穎性和豐富性，這也投合一般中國人喜好文藝的心理。

「文化熱」之中，改革派主流思想中最具影響力和綱領性，到達最大高度的理論大概要數李澤厚提出的「主體性哲學」，這是他借重研究康德哲學而闡發的主張。這是一種什麼樣的哲學呢？李澤厚在〈康德哲學與建立主體性的哲學論綱〉中夫子自道，說他是用「六經注我」的方法，藉由研究哲學史來表達自己的觀點，他要「看一下康德哲學，看看它能為當代馬克思主義哲學提供些什麼東西」。

李澤厚提供的是他認為最符合馬克思主義的一種人性論和人道主義，它既區別於機械論、反映論、決定論，為個體的自我選擇、主觀能動性和偶然性開了一扇門，又與極端強調主觀能動性與意志作用的學說

劃清界限。

　　李澤厚的主體性哲學被年輕、激進的學者視為貌似新而實際舊，劉曉波就曾指出，李澤厚強調和突出的是整體的主體性，而自己強調和突出的是個體的主體性；他認為，在中國應該強調和突出的是個體的主體性，而不應該像李澤厚那樣，強調整體的主體性。我們知道，雖然個體和整體是哲學概念，但強調集體、整體、國家的作用，是極權主義的特徵。

　　與李澤厚的情況類似，儘管啟蒙導師中有不少好學深思、有天分且有激情的人物，但他們的時代烙印和時代侷限性同樣非常明顯，從今日我們達成的思想成就來看，更是如此。一言以蔽之，他們的現實批判和理論建構沒有指向中國必須到達的目標——建立憲政民主。僅在馬克思主義的框架內活動，不論多麼努力地翻新改舊，不論吸收、利用多少現代西方馬克思主義的觀點，都無法達成這個目標。

　　我們還能看出，啟蒙導師們對於 20 世紀前半葉中國知識界在探索憲政民主方面的努力是無知的，他們基本上沒有讀過蕭公權、張佛泉等人的著作，他們不見得能擺脫正統意識形態，將胡適等人的自由主義傳統視為一筆正面的政治思想遺產。至於研究和借鑒現代台灣自由主義知識分子（以雷震、殷海光為代表）為爭取憲政民主而作出的努力，則只能等到 20 年之後由下一代思想者著手進行。

　　在 80 年代這波文化熱、叢書熱、編委會的熱潮中，我身為《文化：中國與世界》編委會的一員，對於該編委會的醞釀成立和消亡的內情都較了解，對於編委會成立之後兩年的活動，則因為留學英國而知之不詳，下麵是我記憶所及的親身經歷情況。

躬逢其盛

　　1985 年夏的一天，剛從北大外國哲學研究所碩士畢業，被分配到

哲學所現代外國哲學研究室的甘陽來找我並表示，他打算將我們這些朋友串聯起來，成立一個從事學術文化活動的社會團體。一開始我覺得行不通，一是對我們這幫人的水準、能力不夠自信，二是在此之前已經成立了不少這樣的團體，尤其是之中的中國文化書院和《走向未來》叢書編委會，學術實力雄厚，在社會活動上很有能量和辦法，並且已經有很大的影響和名聲，我擔心我們這麼晚才起步，已經沒有什麼活動和發展的空間了。

甘陽一心堅持要說服我，很快就把我說動了。而且，我們越分析形勢就越是感到樂觀和前景光明。中國文化書院聚集了一批優秀的國學學者，鑒於近 30 年來對傳統學術文化的打壓，國學一片凋零，他們的復興活動屬於恢復正常，取得成功當屬自然。而且，他們搞中學，我們搞西學，不存在發展空間的競爭。

《走向未來》叢書編委會勢頭很好，能量很大，核心力量是自然科學院的學者，興趣在於吸收當代科學中的最新方法和成果，以構建一套新的歷史觀和世界觀。不知為什麼，這些以西學見長的學者竟然對 20 世紀西方主流的人文學術沒有表現出興趣，這一廣闊的天地至今還無人問津。我們這批朋友以現代西方哲學研究生為主，專攻存在主義、現象學、解釋學和分析哲學，將這些人文學術思想引薦到中國來，正是發揮我們的專長。

我們還分析道，現下從事學術文化活動的一些團體與個人，總想馬上提出一整套理論，以回答「中國向何處去」的問題，但他們完全沒有顧及中國學術思想大大落後的事實，如此倉促弄出來的東西也只能是過眼雲煙。學術思想和文化建設發展有自己的規律，欲速則不達；現在才剛要開始復甦，在幾十年之內，主要的工作應該是了解狀況、積累資料。

甘陽明確提出，我們要以慢為快，在 20 年到 50 年之內，集中力量搞翻譯，力爭 5 年趕上蘇聯，10 年趕上日本，他指的是翻譯出版現代思想家的全集。這個想法在《現代西方學術文庫》總序中得到了明確闡

發，其中引證梁啟超的話說：「今日之中國欲自強，第一策，當以譯書為第一事。」因為這個宗旨和追求，我們的小團體叫做《文化：中國與世界》編委會，四個方面的工作中，主打是「現代西方學術文庫」，即翻譯現代西方學術經典著作，這體現了本編委會的旨趣和品牌。

編委會的工作非常有效率，其宗旨和方向與當時的社會需求十分吻合，大有開風氣之先的聲勢。成立之後大約只有短短一年多，在國內和海外就相當有名聲，被視為倡導「全盤西化」的有力團體。

本編委會編委陳來在海外撰文，介紹大陸民間文化團體，列出三個組織，本編委會與中國文化書院、《走向未來》叢書編委會並列，主編甘陽對「三大學術團體」這個提法非常滿意，因為我們誰也沒有料到自己這麼快就進入全國前三名。我從一開始就不贊成這個提法，並公開表示了不同意見，因為它忽視了其他一些民間團體的工作和貢獻。遺憾的是，簡單化的東西總是易於記憶和傳播，時至今日，認可和宣揚「三大學術團體」者仍大有人在。

我只來得及參與編委會的前期策劃籌備工作，就於 1986 年 9 月到英國牛津大學，直到 1988 年夏天歸國。

一回到北京，我立即產生了恍若隔世之感。原先的朋友和同事中，已經有人成為社會文化名人，編委會的聲勢和氣派與我出國時不可同日而語。我記得在我臨走之前，朋友們聚集在我那庫房式的、暗無天日的小房間中商量成立編委會的事，當時我家甚至連凳子都不夠，我一直坐在門檻上，中午煮了好幾鍋麵條權充午餐。回北京後，編委會設盛宴為我接風，以後商量編務，也是動輒就進飯店。我一時非常不習慣，多次反對無果之後也只好隨大流。

本編委會挑選了兩家出版社作為出版的合作者，其一是北京三聯書店，其二是上海人民出版社，都是老牌的、有聲譽的出版社，他們為編委會提供了一點經費作為活動費用。

為了獲得一些經濟效益，更主要的是為了傳播新知識和擴大影響力，編委會在北京舉辦了一個收費講習班，在全國招生。講座開班那天我去了，場面非常令人感動。學員們來自全國各地，他們不怕盛夏酷暑，許多人自掏腰包，不在乎極其簡陋的學習和住宿條件，雖然面帶倦容，但難掩求知的熱情。

　　第一講由我們的主編上陣，我記得他只是反覆訴說，從世界歷史上看，第二、三流的思想家致力於收集和分析經驗材料，而第一流的思想家不屑於這麼做，他們致力於提出基本概念和思想框架。看到他在臺上語無倫次、結結巴巴，而教室裡鴉雀無聲，聽講者竭盡全力要弄明白這深奧難懂的道理，我不禁暗自發笑。我記起主編臨講前告訴我，他前一天晚上才考慮講什麼，幾乎熬了一個通夜才勉強想出個提綱，根本沒來得及吃早飯，臉色發黑地匆匆趕來開講。

　　另外的講課也很好玩。我認識的一個年輕學者在講臺上耍狂，他從提包中拿出一本外文書在大家眼前晃一晃，大聲喝問：「這本書你們念過沒有？」，然後再拿出一本，再問，幾次都是「沒有念過」，他於是得意地說：「那好，你們正該聽我講。」事後，我告訴他，這樣做是不妥當的：「你知不知道，坐在下面的，有懂6門外語的教授？」

　　另一位更年輕的朋友，在北大念碩士剛畢業，講宗教倫理學在臺上講到一半突然卡殼（形容說話停頓，好比機槍卡彈的尷尬），狼狽不堪，急得想哭，這時卻有聽講者遞上一張紙條：「陳老師，你不要急，你講得很好，我們很愛聽。」

　　這是一個多元混雜的時代，熱情與幼稚並存，深思與虛張聲勢共生。

　　我們的編委會越來越紅火，各地出版社，還有台灣的出版商紛紛前來聯繫，希望合作出書，門庭若市的局面使得我們的主編窮於應付，以至於宣佈，除了大出版社的正主編和社長之外，其餘的人一概不見。

　　誰也沒有料到的是，正當編委會火得如日中天之際，生命卻突然告

終。到了 1989 年初，最核心、最親密的幾個朋友之間出現了矛盾，而且無法調和，最後一發不可收拾地發展為分裂。而我，正屬於意外被迫離開編委會的 4 個人之一。

分裂發生於 1989 年 5 月，這本來會是一個在京城傳得沸沸揚揚的事件，但它被接踵而至的六四大屠殺完全掩蓋。一時間各個民間文化團體，各個叢書編委會，不論是聲名赫赫還是影響甚微，無一不被血腥鎮壓的疾風暴雨掃蕩殆盡。《文化：中國與世界》編委會也不復存在，這使得它內部所受的重創也顯得無關緊要了。

第五章

我與「六四」

呼籲釋放政治犯

1989 年 6 月 4 日發生在北京的殘暴鎮壓和血腥屠殺，是當代中國歷史的分水嶺，在此之前，儘管執政的中國共產黨有種種錯誤和惡行，但整體說來，它的合法性仍未受到根本的、全面的挑戰，然而六四的鮮血在一夜之間使這種合法性不復存在。

一個將和平請願的學生污蔑為動亂製造者的政黨，一個對青年學生的生命危在旦夕卻無動於衷的政府，一支用坦克輾壓群眾的軍隊，有什麼資格自稱為受人民熱愛的黨、人民的政府、人民的軍隊？六四事件使人們開始用與過去完全不同的眼光和角度來看待發生在中國的一切。

在六四事件發生前的 1988 年，人們就普遍有一種預感，認定 1989 年將是多事之秋。知識界人士聚集時經常會議論的一個話題是：在 1989 年，我們將迎來五四運動 70 周年、法國大革命 200 周年、中華人民共和國成立 40 周年的紀念日，我們應該做點什麼，使 1989 年成為新時代的起點。

我記得，在《文化：中國與世界》編委會內部，就經常正式或非正式地討論過將於 1989 年參加或開展的活動，在大家的心目中，那意味著組織各種研討會、講演，更多書籍、刊物的出版，更大膽開放的言論，以及更熱烈的場面。我想，我們之中，沒有人想到上街遊行示威，更沒有想到會有武力鎮壓和流血慘劇。等到 1989 年風暴真正來襲時，一切是那麼的出人意料，那麼令人猝不及防。

1989 年的第一聲呼喚就顯得格外響亮和不同凡響；新年伊始的 1 月 6 日，著名天體物理學家方勵之致信中共中央軍委主席鄧小平，建議「赦免所有魏京生那樣的政治犯」；2 月 13 日，由北島發起，包含邵燕祥、

吳祖光、冰心等 33 名中國知識界知名人士簽名的〈致人大常委會及共中央的公開信〉發出，其中提議「於建國 40 周年和五四運動 70 周年之際，實行大赦，特別是釋放魏京生等政治犯」；緊接著，在 2 月 26 日，由許良英發起，並有錢臨照、王淦昌、葉篤正等自然科學家為主體的 42 位社會知名人士簽名的呼籲書發表，其中要求政治民主化，保證公民的言論自由、出版自由、新聞自由等基本權利，釋放因思想表達被囚禁的青年，不再搞因思想而定罪。

有關訊息一波接著一波傳來，引得我和朋友們的心情一陣接著一陣地激動起來。中國的知識分子被迫沈默多年，現在終於開口了，而且，一開口就直指中國政治的要害核心：思想與言論自由，以及公民權利問題。在興奮之餘我們也注意到，中共當局對於來自知識界的呼籲表現出頑固不化的態度，並採取了精心策劃的反制措施；當局在北京的報紙和香港左派報紙上發表司法部相關負責人的談話和攻擊性文章，把呼籲信的出現歸結為少數人的陰謀策劃和知識分子因為不明真相而上當受騙，他們特別強調，第二封呼籲信上有陳軍的簽名，因陳軍有海外民運的背景，從而把整件事說成是由海外民運人士一手策劃。

捲入漩渦

出乎意料的是，我和我的朋友很快就從熱心的旁觀者變成全心投入的參與者，1989 年 3 月 14 日，由 43 位知識分子簽名的第 4 份呼籲書在北京發布，我參與了呼籲書的文本起草和徵集簽名活動。

記得時間大概是 3 月 10 日，我和幾位朋友——我們都是《文化：中國與世界》編委會的成員——正在趙世堅（大家叫他阿堅）家中商量籌辦一份名為《精神》的雜誌時，突然間，我們的朋友蘇煒風風火火地闖了進來，他告訴我們，他正在設法解決一個難題，但眼下卻是一籌莫展，大家叫他不要著急，只管細細道來。

　　原來，《光明日報》的著名記者戴晴正在籌劃第 4 份呼籲書的徵集簽名和發布，但事情剛剛起步就遇到了麻煩。戴晴發起的第 4 次簽名信活動主要倚仗兩部分人，他們與戴晴的關係都不錯。第一類人是著名的中國大陸作家，其中一些人在體制內有相當地位，比如是文藝刊物的主編，或者是北京市文聯的負責人；第二類人是來自台灣的著名作家，比如陳映真等，他們現居北京，對於大陸時局十分關心，對於促進大陸的民主化極其熱心。

　　本來想，由這兩部分人組成的簽名者隊伍，其分量自然是相當可觀的。但問題馬上就出來了。一方面，台灣作家們不了解大陸的情勢，以台灣的套路行事，在他們草擬的呼籲書中，提出了「打倒專制獨裁」的口號，這可嚇壞了大陸體制內的作家們；而大陸作家提出的文本也遭到台灣作家的否定，認為說得不痛不癢，一副跪著造反的模樣。當然，戴晴作了巨大的努力，說服雙方的立場和措辭向對方靠攏，但終因差距過大，找不到求同存異調和折衷的辦法，戴晴急了，趕緊請蘇煒想辦法，因為他路子廣、朋友多。

　　大家知道了事情的原委，紛紛替蘇煒想辦法、出主意，大家一致的看法是：原定的徵集簽名方案顯然行不通，因為大陸方面的名作家們已經在打退堂鼓了，另一方面，台灣作家的文本，放到大陸當時的條件下也是不可行的，但他們看不清這一點；因此，應該放棄找名家的精英方案，另起爐灶。

　　一聽到要從頭再來，蘇煒馬上面露難色，大家安慰他說：「這有什麼難的，我們這幫人，都是社科院和北大的科研人員，不是一支現成的基本隊伍嗎？」還有人分析道：「要說找名家簽名，前幾封信已經作到了極致，現在不如換個思路，下一支簽名隊伍以中青年學者為主，顯示長江後浪推前浪，反而有一些新意。」最後，大家一致同意，由在座的朋友們接管這項活動，協助戴晴和蘇煒把第 4 次簽名活動做好。

《精神》雜誌籌辦會因為這件大事而中途中斷，我和阿堅隨蘇煒一起去他在雙榆樹的家，重新起草一個簽名信的文本，然後在第二天凌晨去戴晴家，決定公佈事宜。

　　經過與蘇煒和阿堅商量，由我起草的本次簽名信的全文如下：

　　第七屆全國人民代表大會第二次會議：

　　值此國慶四十周年即將到來之際，我們籲請全國人民代表大會按照建國以來的慣例，大赦一批在押人員。前不久一批中國知識份子籲請釋放魏京生等人，我們認為他們的請求是符合憲法、表達了民意的。在此，我們再次請求全國人民代表大會考慮這一要求。

1989 年 3 月 14 日

　　這封信除了重覆釋放魏京生等政治犯的訴求外，把重點放在捍衛前3封信的正當性上，這是針對政府對前面的呼籲採取打壓態度，以及捍衛公民憲法權力的立場，意在提醒執政者，必須按照法治原則行事。我們還想造成這樣的印象——打壓行不通，越是打壓呼聲越強。

　　戴晴認可了這個文本，率先簽名，蘇煒、我、趙世堅也緊隨其後簽了名，剩下的事情，就是廣泛徵集簽名了。

　　回家的半途上出了一個不大不小的意外。騎車離開戴晴家不久，我一摸上衣口袋，發現由我收撿的，已經有4個人簽名的呼籲信不見了！顯然，它是從口袋裡掉出，丟失在半路上了，怎麼辦？本想返身回頭去找，但馬上發現不可行，這時狂風怒號，漫天沙塵，哪找得到它？

　　這時一個可怕的假設出現了：萬一這封信落到了員警手裡怎麼辦，萬一有路人撿到它交給了員警怎麼辦？我焦急痛苦得無以復加，情急之下冒出了一句：「我寧願用從英國帶回來的全部英鎊，換回這份簽名信！」我的這句話後來傳到了朋友圈，成為眾人奚落我的由來。我的師

弟趙越勝把我的話改為「我寧願用從英國帶回來的全部英鎊的一半，換回這份簽名信！」這個「一半」加得既機智又惡毒，它說明這個人在那麼緊急的情況下還有心對所付代價的多寡作計較。

所幸的是，我們做事比較謹慎，在第一次 4 人簽名時預留了備份，不至於在丟失一份文本之後從頭再來。此事只是提醒我們必須加快徵集簽名的步伐，盡快把我們的呼籲公佈出去。萬一員警得到了丟失的信件，只要它已經公布，不管他們採取什麼行動，都沒關係了。

但是在徵集簽名時一開始卻碰了釘子，我去北京市社會科學院，阿堅去中國青年政治學院，我們行前信心十足，因為在這兩個地方我們都有不少朋友。但我們興沖沖前去，卻敗興而歸，我們的請求被明確地拒絕了。北京市社科院的人給出的理由是：他們不是社會知名人士，對群眾沒有號召力。青年政治學院的朋友則乾脆直接承認他們的恐懼，擔心簽名後遭受處罰，他們還以 1957 年的反右運動為例，說明中共對於敢提意見的人是絕不寬待的。

儘管受了些挫折，但我們還是徵集到了 40 多個簽名，因為有我丟失信件一事，我們不敢拖延時間追求擴大戰果，很快就在戴晴家舉行新聞發布會，公布了我們這份屬於第 4 波的呼籲信。

過了 3 天，哲學所的所長找到我，出示了一份海外報紙新聞報導的影印本，我一看，正是我們發布的那封信。影印本還加蓋了公章，標明它來自國家安全部的某個部門。所長問我，我的簽名是否屬實，我答「是」，問我是否存在欺詐脅迫，我答「無」，再問我是否可以撤回簽名，我答「不可以」。所長沒有多餘的言語，轉身走了。

六四血案之後，中國官方在軍事博物館舉辦了一個所謂「平息北京反革命暴亂」展覽，方勵之的信和我們這第 4 封信都被拿出來展出，作為「一小撮別有用心的人」製造輿論、煽動學生的罪證。第二和第三封信沒有拿出來，大概是因為簽名者中有著名的自然科學家和地位較高的

文化人（冰心是人大常委），官方不想他們以對立身分出現。

不知道是什麼原因，我們這封信被展出時，它的左上角被折疊朝下，剛好遮住了戴晴和蘇煒的名字，於是我的名字成了第一位。一些朋友看了展覽，以為我被當成了為首的發起人而受到指控，很為我擔心。我聞訊專門去展覽館確認了一趟，發現事情果然是這樣。

我們的第 4 波簽名信公布後，我感到意猶未盡，想把這一波接一波簽名信的價值、意義加以闡述，希望這不是事情的終點，而是一股新浪潮的起點。腦海中浮想連篇，胸中心潮澎湃，我信筆寫下了一篇〈1989年春季備忘錄〉，並讓該文在朋友間流傳。

我首先指出，這 4 波簽名信不但顯示出中國大陸知識分子的勇氣，更是說明了他們的胸懷和眼光，這 4 封信不約而同地把釋放魏京生等政治犯作為首要訴求，說明中國的知識分子掌握了中國政治制度的核心問題，那就是自由、民主、人權和法治。

接著，我提出中國知識分子應當意識到自己必須承擔的一個歷史任務，就是要教育執政的中國共產黨，讓它了解知識分子之所想和所求，讓它在聽到不同意見時不至於勃然大怒和一棍子打死，而能夠從容忍到習慣，從習慣到或多或少聽得進去。我主張，我們的策略應當是逐步緩進，要設法讓執政者嘗到善待知識分子不同意見的甜頭，最後形成某種良性互動的局面。

我的上述想法，未能在廣大人群中傳播並得到認可，也沒有在中國的民主化運動中發揮作用。但有相當長的一段時間，這些想法對我而言是一以貫之的，尤其是在新世紀中，當我有機會發起和組織一系列上書活動的時候。當然，最後我不再堅持那些想法了，原因不在於它們本身不對，而是實現那些想法需要具備朝野相互理解的條件，然而在中國，這樣的條件並不存在，統治者所抱持的態度始終是寸步不讓、露頭就打。

見證歷史

事態並沒有沿著請願上書的路徑發展,隨著胡耀邦的去世和北京市大學生隨之舉行的請願活動,形勢急轉直下,終於釀成了不可收拾的結局。在這整個過程中,我除了參加數不清次數的遊行之外,還抱著「親眼見證歷史」的心態,每天拿著照相機上街,去了解並記錄發生在北京的各項重大事件。不知是出於巧合還是因為運氣,六四期間發生的許多大事我都沒有錯過。粗粗算來,可以舉出以下數件。

4月22日群眾在人大會堂舉行胡耀邦追悼會之後,郭海峰等3位大學生在人大會堂台階上長跪不起,懇求國家領導人接受大學生的請願書,形成了感人至深的場景。第二天,我去北京大學,在三角地碰到郭海峰,他主動向我詳細講述了事情的經過和他的感受;

4月27日,北京市各大學學生突破員警的封鎖,進入市中心舉行聲勢浩大的遊行,我提前趕到了北京師範大學校門前,找到一個居高臨下、方便觀察的位置,目睹了學生與員警對峙、拉鋸,最後衝破員警防線,勝利進入市區的整個過程;

6月3日上午,我從家中趕到社科院去上班,途經六部口,看到大量人群正在圍觀一輛卡車,這車的頂上放著一些槍支、刺刀、鋼盔等作為展示,原來這是附近市民截獲的一輛偽裝為民用的軍車,群眾對戒嚴部隊使用人與武器分離、分頭秘密入城以鎮壓民眾的做法非常憤怒,對於如何處置這批武器,人們意見不一。最後,在學生的勸說下,他們決定將武器交給附近的員警;

當天下午,在我從社科院返家再次路過六部口時,正趕上一群防暴員警驅離民眾的場景,空氣中瀰漫著強烈的辛辣味,顯然是剛發射過催淚彈,當民眾快要接近員警時,警方再次發射催淚彈。只見催淚彈從發射器中飛出,在空中畫出一道大大的弧線,落地後冒出一陣濃烈的黃煙,嗆得人們淚流滿面,狂咳不止。

我八方觀察的想法還得到一個很大的助力，中學同學蔡詠梅是香港一家報館的記者，這時正被派到北京來採訪學生的民主運動，記者們串聯一氣，哪兒有狀況都相互通報，因此重要的事件基本上不會錯過。我陪同蔡詠梅到過不少地方，見證了一些重大的事件，比如王丹和吾爾開希的新聞發布會，項小吉的新聞發布會，首都新聞工作者在魯迅博物館的聚會等。

　　在這段非常時期，經常會遇到一些令人感動的或令人震驚的事情，不過，從胡耀邦逝世到軍隊開槍之前，最令我難以忘懷的是這麼一件小事。

　　大約在 5 月下旬，我到天安門廣場上去探望我的社科院研究生院的學生，之後順便走到了一堆帳篷中，與參加靜坐的兩個學生攀談起來，他們是北京鋼鐵學院的博士研究生。我勸他們盡快撤離廣場，因為政府馬上就會派軍隊來鎮壓學生，我說：「你們年輕，來日方長，應該避免不必要的流血和犧牲。」只聽其中一人不假思索地回應道：「那不是人民的軍隊麼，怎麼會鎮壓人民？」另一位也點頭表示同意。聽聞此言我極為震驚，心中禁不住大悲傷：人家已經在磨刀霍霍，你們還這麼天真！我就此無語，與他們怔怔而別。

　　在往後的日子裡，我時常想起這兩個博士生，不知他們是否在戒嚴部隊的槍彈之下死裡逃生？我也經常有大聲呵斥下令鎮壓者的衝動：「對這麼天真、純潔的學子，對這麼信賴你們的年輕人，你們怎麼下得了手？」

　　不管人們有什麼樣的幻想和企盼，大屠殺終於還是來了。

六四那夜

　　6 月 3 日晚 6 點開始，北京市電視台反覆播送「緊急通告」，這是

鎮壓即將開始之明白無誤的信號。吃過晚飯後我上街外出，與以往不同的是，我這次把照相機留在了家裡。我去的地方是位於前門一棟大樓3樓的其中一個套房，這裡離廣場只有幾百米，便於觀察，更為難得的是，這裡有電話，可以與居住在北京市東南西北各個方向的朋友通電話，以了解全面情況。

大約在晚上11點，居住在木樨地的朋友來電說，軍隊開始從公主墳由西向東強行入城，遇到民眾的阻攔時，他們居然開槍了！我連忙問：「是真槍實彈，還是橡皮子彈？」對方回答：「不是橡皮子彈，已經有人流血受傷，被送入醫院。」接下來則是不停的電話，報告說，軍隊從南面、東面、北面強行入城，邊行進邊開火，敢於阻擋者非死即傷，而在西面，傷亡的民眾急速增加。

過了一陣子，看來已有坦克進入廣場或開進附近地點，我們從樓上往下望，只見坦克一輛接著一輛地急速駛過，市民們先前用垃圾桶做成的路障在坦克的衝撞下發出清脆的響聲，彈飛出去老遠。

過了午夜，我們估計軍隊就要對廣場上的堅守者動手了，便決定去那裡觀察。我們一行3人包括我、朱正琳和阿堅，到了廣場不久，我們就走散了。這時廣場上人很多，紀念碑的平臺上及其周圍集中聚集著堅守廣場的靜坐者，大約有兩三千人，再往外就是像我們這樣的圍觀者或聲援者，人數大約10倍於紀念碑上及其周邊的大學生。

突然間，我看見一群人簇擁著一個年輕的解放軍戰士，有人想動手打他，有人主張把他押解到什麼地方，或者交給學生組織。一打聽，原來人們抓住了一個掉隊的士兵，他在北京摸不著方向，胡走亂竄，落到了北京市民的手裡。這個小兵看上去很是恐懼，渾身發抖，我見狀趕緊走上前去，勸大家把這個小戰士放掉算了。我說，到北京來鎮壓，責任在當官的那裡，普通戰士是無罪的，處罰他也沒有用。北京的市民真不錯，他們通情達理，馬上同意放他走。我過去拍了拍這個小兵的肩膀，叫他小心一點，盡快平安回家。

剛剛進入廣場時軍隊人數不多，似乎淹沒在北京市民的人海之中。但很快就變得越來越多，他們列成矩陣在廣場上耀武揚威地行進，邊走邊呼口號：「人不犯我，我不犯人；人若犯我，我必犯人！」行進的隊伍逐漸把民眾分割、包圍，使他們不再能夠在廣場上隨意走動，隊伍中的士兵不斷有人舉槍對空鳴放，令我吃驚的是，當靠近我的士兵槍枝擊發時，那槍聲震耳欲聾，弄得我的耳朵生疼。

　　隨著廣場上士兵越來越多，廣場北面一字排開的坦克列陣虎視眈眈，清場部隊對所剩不多的堅守者已經形成了大兵壓境之勢，在我看來，大學生們撤離廣場的時間到了。大約在午夜 3 點，廣場四君子——侯德健、劉曉波、周舵、高新動員學生撤離，但被拒絕；到了 4 點，廣場上的燈光突然全部熄滅，人們的恐懼感一下子增大了；接著，廣播中傳來消息，四君子中的侯德健、劉曉波兩人已與戒嚴部隊談妥，學生可以安全撤離廣場；再接著，四君子主持了堅守廣場的學生口頭表決是否贊成撤離，他們宣布贊成撤離者為多數。

　　我以悲憤的心情從廣場的西北角趕到東南角，目送泣不成聲的學生們撤離。在那裡，緊緊包圍住廣場的戒嚴部隊開了一個口子，供學生們走出廣場。這時我回頭北望，只見那一橫排坦克在半明半暗的晨曦中緩慢向南推進，這群怪獸以不可阻擋的力量輾壓過來，他們要摧毀世上美好的事物、正義的事物。我返回前門的那個聚集點，和朋友們交談、感慨了一陣子，然後騎自行車回家。

　　北行快到六部口時，一幅壯烈的畫面讓我下車駐足遠望，那是一群人與一輛坦克之間的搏鬥，力量懸殊的搏鬥。一大群人正在追逐一輛坦克，他們邊向前湧邊發出山呼海嘯的怒吼；當追逐的勢頭消減時，那坦克突然返身向民眾衝去，人們像退潮的海水向後湧動；然後，站穩腳跟，然後人浪重新向前捲動……

　　當我推著自行車正要穿過街口時，突然看見前面自行車道上並排躺著兩個人，他們側臥著，一動也不動，沈靜而安詳。我想，這一定是堅

持了幾天幾夜不眠鬥爭的年輕人，最後抵不住疲倦的襲擊，在路邊倒頭就睡，我小心地推車繞開他們。在經過他們身旁的一瞬間我再次瞟了一眼，天哪！這哪是沈睡中的年輕人，分明是兩位死者的遺體，我看見了什麼？這裡分明發生過一場屠殺，我是它遲到的見證人！

回到家中，我無心說話，心中悲憤已極，腦海中晃動的是天安門廣場上黑壓壓的坦克群影，以及六部口街上兩位年輕死者的身影。我把自己關在臥房中，讓眼淚盡情流淌。過了一會兒，我打開收音機，想聽聽外國電台是如何報導這場大屠殺的。突然，我聽到了中國國際廣播電台的呼叫，然後是下列廣播：

請記住 1989 年 6 月 3 日，在中國的首都北京發生了最悲慘的事件。幾千名民眾，其中大多數是無辜的市民，被全副武裝的士兵們在向中心推進的過程中殺害。在被害的民眾中也有我們北京中國國際廣播電台的同事。士兵們駕駛著裝甲車，用機關槍來對付千萬名試圖阻擋他們向前推進的本地市民和學生們。當裝甲車強行通過之後，士兵們仍然肆無忌憚地向街上的民眾掃射。北京中國國際廣播電台英語部深切悼念那些在這場悲劇事件中遇難的人們，讓我們一起抗議這一嚴重違反人權、殘暴鎮壓人民的行徑。

我沒有想到，屠殺事件會以這種方式向全世界報導，這是中國政府自己掌控的電台，多麼勇敢無畏的播音員和編輯，不顧身家性命，把事件真相，把正義的聲音傳遍全球。

接著，我又聽到了英國 BBC 對楊憲益的採訪，我沒有想到，平時那麼溫和，如野鶴閒雲般的楊先生以那麼憤怒的口氣，那麼激烈地斥責中共當局犯下的罪行，他說：

這支軍隊已經不是什麼解放軍了，它已經變成了楊尚昆的私家軍。

這是中國現代史上最可恥的事！這樣的血腥屠殺過去的任何反動政府都沒有幹過，北洋軍閥、國民黨政府都沒有殺過那麼多手無寸鐵的無

辜百姓；甚至連日本侵略者在占領北京的時候也沒有幹過這種事！

我譴責戒嚴部隊屠殺北京市民的罪行！中國人民是殺不絕也嚇不倒的！他們可以將我也加在殺害的名單之上，但是他們不能夠殺光我們所有的人。

我含著熱淚反覆收聽這兩段廣播，用筆記錄下來，打算將它們張貼出去。

廣播記錄還沒有整理完，我有了一個新主意，我根本靜不下來，必須立即做點什麼才行！我叫上妻子，兩人動手做了一個直徑超過半米的大紙花，直奔新街口鬧市區，在一座過街天橋的正中央掛上了它，以示對剛剛被殺害的成千死者的悼念。這是一個人潮如湧的繁華地段，人們默默地注視著我在過街天橋上動作，沒有人說話，沒有人去叫員警。

時間在悲痛與雜亂中度過，過了兩天，我突然感悟到，有一件事我必須試著去做，不管成與不成，都值得努力，那是由於國務院發言人袁木和戒嚴指揮部發言人張工在 6 月 6 日的記者招待會上談到死傷數字時公然扯謊而引發的。這兩個人在六四事件傷亡人數問題上移花接木，故意製造混亂，宣稱總死亡人數不足 300。我認識到，他們的謊言可以也必須用真實可靠的數字來揭穿，而最老實、最有說服力的辦法就是到北京各個接收了傷亡者的醫院去作調查統計，把數據匯總之後公諸於世。

我找到阿堅等幾個朋友，告訴他們我的想法，他們都很贊成，於是大家作了分工，各人負責跑一個地區的醫院，冒稱自己有親屬失蹤，請求醫院允許在他們的死傷登記簿上查找，偷偷記下相關數字資訊。事情開始時進展順利，有位朋友家人是醫生，她本人一直生活在醫院的家屬區，熟人熟事好辦事，所以沒有費多大力氣就弄到了數據。我頭幾天去了 3 家醫院，難度不等地完成了任務。

記得去同仁醫院時，工作人員把登記簿交給我之後突然有事離去，這使得我有機會抄錄了詳細的資料。但下一家醫院的人很警覺，手遮著

登記簿，只讓我看有沒有我想找的名字，我用了種種藉口拖延時間，好不容易才湊出一個總數。

但是，整體來說，我們的任務並沒有完成。工作了不到一周，當阿堅去到協和醫院調查時，發現那裡大門緊閉，有戒嚴部隊的士兵站崗盤問，接著，去其他醫院也遇到同樣的狀況，我們的計劃執行不下去了。

事後檢討，我本人犯了兩個錯誤，雖然那不一定是失敗的根本原因。

第一、開槍鎮壓之後，我沒有立即反應過來，馬上組織調查，而是沈浸在巨大的悲痛之中，一心要把沈痛的心情表達出來，因而將極為寶貴的頭兩天耽誤了。事實證明，越早動手，成功的可能性越高，因為越早越混亂，活動自由度越高，醫院方面也沒有那麼警覺。

第二、開始工作後，我想依靠一位年輕的朋友 M，他是醫學院的研究生，正在一家醫院實習，他有一幫同學和朋友分布在北京的各家醫院實習，我想，由他們這些內部人去調查，豈不是事半功倍，更安全可靠？我找到他談了這件事，他沒有拒絕，我相信了他而放鬆了我們自己的工作。但幾天之後，他才回話說他實在沒有膽量幹這件事。我氣壞了，在平時的交談中他表現得是那麼大膽和熱情。

我們走訪的醫院總共不到 10 間，總計的死亡人數不足 200，這個數字尚不足以駁倒袁木的謊言，雖然我認為，從這個數字可以間接地推論出袁木的說法不成立。我最後還是輾轉將我們的原始調查資料交給了一位英國朋友，請他相機處理。這項未完成的任務長久以來一直是我心中的一大遺憾。

而六四事件，則是我一生之中永遠不能翻過的一頁。

秋後算帳

大鎮壓之後接踵而至的是大搜捕和大清查，王丹等學運領袖上了通緝名單，嚴家祺等知識界人士也被列入通緝名單，只是沒有公開發布，我們那份簽名信的領頭人戴晴也被捕入獄，關在秦城。那一陣子，每晚打開電視，看到的都是被通緝者落網的消息，每晚睡到深夜，都會被軍車或者警車淒厲的警報聲驚醒，一時間，紅色恐怖籠罩中國大地。

中國社會科學院成了清查的重點，在這裡，不但有著名的、所謂支持學生「動亂」的知識界領袖人物嚴家祺、包遵信、李澤厚等，連院長胡繩、副院長李慎之，以及一大批司局級幹部，都被說成是犯了錯誤，以這樣或那樣的方式支援了學生的「動亂」。本院的幹部已經無法信任依靠，中共當局於是從公安部、中組部等部門抽調人員到社科院來展開清查工作。

胡繩是中國著名的老一輩馬克思主義者，一貫思想正統，但畢竟良知未泯，他5月下旬在一份要求中共當局與學生對話的呼籲信上簽了名。李慎之的表現則更加令人稱道，身為副部長級的高級幹部，他被通知參加宣佈戒嚴的大會，但李慎之不但拒絕去開會，而且宣布：「**我不願意在刺刀下生活！**」為此，他失去了社科院副院長職位，但在知識界卻獲得了更大的尊敬。

當戒嚴部隊進駐到社科院，我每次乘坐電梯上下樓，都會與頭戴鋼盔、身持衝鋒槍的士兵摩肩接踵，心中既是厭惡，又是恐懼，這可真是「秀才遇到兵，有理講不清」啊。

哲學所的清查運動進展很不順利，遭到了人們的公然抵制。哲學所的現任領導對清查並不積極，他們請出了前任副所長李奇來主持清查工作，這個人倒是很來勁，但名聲太臭，她在1957年的反右運動中就是哲學所的反右領導小組成員。有一次我從一間大會議室外面經過，聽見裡面正在開清查大會，李奇主持會議，她要一位王姓教授交代自己的

「錯誤言行」，這位教授居然使勁拍桌子喝斥她：「你這麼積極幹什麼？你還沒有吸取 1957 年打右派的教訓？你還想過幾年又來認錯，給被你整過的人平反，向他們賠禮道歉？」

對我的清查分兩個方向進行，一個是在我的研究室，只是泛泛地要求我交代前一陣子幹過的事情，再做個支持政府的表態。見我每次都拒絕交代和認錯，我們的所長找上門來了，但出乎我預料的是，他並不是來施壓，而是來做解釋的。他對我說：「小徐啊，不是我們要為難你，我們知道你一向都表現很好。這次清查，你不是黨員，本來沒有你的事，但你是研究室副主任，你知不知道，這可是副處級啊，放在大學裡就是副系主任了！上級有規定的。」下面的話他就不說了，但意思很明白：誰叫你夠級別呢？走走過場就行了吧！

我最後還是在研究室裡做了個發言，我是這麼說的：「我是中華人民共和國公民，我清楚知道我的權利和義務，我嚴格地用憲法和法律來規範自己的言論和行為，經過認真反思和仔細檢查，我沒有發現這幾個月來自己的言行有任何違反憲法和法律的地方。這就是我在這場清查運動中的全部反思和認識。」沒有想到，憑這個發言，我居然過關了。

清查的另一方面來自公安部派駐社科院的工作人員，他們的行事像員警辦案一樣，問得具體，重視證據和細節。他們將偵查的火力集中於兩件事，一是我們那份簽名信，二是 5 月下旬成立「北京知識分子聯合會」的事。跟我打交道的人像是個職業偵探，非常老練，我對付他們也是小心翼翼。

針對簽名信我採取了強硬的態度，他們要我寫一份證詞，我寫道：「戴晴是這封簽名信的發起人，在向我徵集簽名的過程中，我沒有發現任何誘騙、欺詐的行為。」轉交這份證詞的人事處幹部勸我：「沒有必要這麼說嘛，這對你沒有好處。」我回答說：「有好處。就算幾十年後人們把過去的東西翻出來看，我還是站得住腳的！」

至於成立「北京知識分子聯合會」的事，我採取了另一種策略。因為主事者王潤生已經逃亡法國，把事情往他身上推可以保護其他人。當員警出示發起者名單時，我發現他們得到的是新聞發布件而非原件，因此我就說我師弟趙越勝是我代他簽名的，他事前事後都不知情。我想，反正我已經受到追查了，能幫一個人解脫畢竟也是好事。

　　整個清查運動中，我心態輕鬆，應付清查者從容不迫、遊刃有餘。我不認為自己有多勇敢、多堅強、多老練，我將這歸功於我在文化大革命中的磨練，以及清查期間社科院內同仇敵愾的氛圍。

第六章

90 年代：場景大變換

轉向經濟發展

六四鎮壓之後，我和許多中國人一樣，經歷了感情上的大悲大喜、情緒上的大起大落。血腥鎮壓才發生半年，在聖誕節前夕，就傳來羅馬尼亞獨裁者尼古拉·西奧塞古（Nicolae Ceauşescu）夫婦被處決的消息。在聖誕節的聚會上，我們不知道開了多少瓶香檳酒，說了多少慶祝的話，這是六四之後人們第一次發出歡聲笑語。

過了兩年，蘇聯發生 8.19 政變，一下子使人的心情緊張得無以復加，人們擔心：難道第二個六四會在蘇聯發生？但沒過幾天，形勢突然發生逆轉，政變宣告破產。同年的聖誕節前，蘇聯國家元首戈巴契夫（Mikhail Sergeyevich Gorbachyov）在克裡姆林宮正式宣布蘇聯這個大帝國壽終正寢，民主與共產兩個陣營之間長達近半世紀的鬥爭，勝負終見分曉。

另外，中國國內的政策也發生了戲劇性的變化。鄧小平 1992 年初到中國南方巡視並發表一系列談話，強行打通了經濟市場化的道路，這或多或少地在人們心目中重新點燃了改革開放的希望之火；同時，為政府官員以權謀私，搞權錢交易打開了方便之門，也為一些知識分子下海經商提供了機會。如果說，80 年代的社會風潮是文化熱，那麼可以說 90 年代的人心所向是經商熱。

經過兩三年的蟄居與沈默，中國知識界重新活躍，但格局、話題、內容、風格與 80 年代相比已大不相同。有人說，從 80 年代到 90 年代，有一個從思想淡出到學術凸顯的轉變，說的是 80 年代的學人有大視野、大的公共關懷，把時代精神危機銘記在心，缺點是學風空泛，話語大而無當。而 90 年代的學人則專心致志地在一門劃定的學問中辛苦耕耘，

重視理據和論證，缺點是畫地為牢，缺乏宏大的關懷和擔當。

也有人把這種對比形容為是從「主義」到「問題」的變遷，說的是在 80 年代人們習慣於從主義或思潮的高度談論問題，動輒搬出人道主義、存在主義、佛洛伊德主義；而在 90 年代，人們拋棄了使用大詞的習慣，把關注點集中於更具體一些的問題上。

比如，人們不再泛泛地談論「黃色文明」、「藍色文明」或「人類的危機」，而是討論農民工問題、貧富差距問題、國有企業改制問題等。在 80 年代，人們最熱衷的學科是哲學、宗教、倫理學、心理學，思考並力圖解決的是終極關懷；而在 90 年代，社會學、經濟學、法學成為顯學，對精神危機的思慮退居次要地位，取而代之的是保障社會良性運行的經世濟民的實證學問。

相對於 80 年代，中國 90 年代的思想文化場景發生了很大的變化，而這些變化很大程度上都是六四事件的結果，都是對六四事件直接或間接、程度或大或小的反應。如果沒有六四，知識界的主流會繼續沿著五四新文化運動開闢的道路，堅持科學與民主，自由與人權，加深和擴大啟蒙，最後使點滴積累的量變成為質變。

但是，六四使這個進程中斷了，而令人遺憾的是，中國知識界也沒有表現出一種整體性的堅持與抗爭，堅守的固然大有人在，然而，追風逐浪、變換旗號者也不在少數。總之，90 年代的事態，完全是在 80 年代無法想像的。

改革的矛盾

在 80 年代，整個中國社會有一個主要矛盾，即改革開放路線與保守、左傾路線的矛盾，知識界的爭論是圍繞支持前者，抵制反對後者的主軸進行的。啟蒙派知識分子的全部努力，就是要鞏固並擴大改革開放

的成果，以確保中國不再發生反右和文化大革命之類的左傾政治運動。但在 90 年代，這種思路遇到了兩方面的挑戰。

一方面，80 年代保守派的主力軍——官僚隊伍幾乎有一個整體性的轉向，從抵制改革到支持並利用改革，他們發現自己處於「近水樓台先得月」的位置，改革對他們來說不再是威脅，反而是發財的機會。在這種情況下，再問「要不要改革」已經失去意義，真正的問題變成「要什麼樣的改革？」

另一方面，急速實行的市場化帶來的世俗化、商品化、物欲主義和拜金主義，使得一些文化人起來抗議物質對於精神層面的侵蝕與壓抑，他們敏銳地發現，另一種形式的壓迫正在中國出現，這不是傳統上人們早已熟悉，來自專制主義的壓迫，而是一種新的、來自市場的，資本主義性質的壓迫。

他們喊出了「絕不投降」的口號，打出了理想主義的旗幟，但他們的對立面指出，物質化、低俗化看起來雖然不怎麼高尚，但是對於消解左傾的偽理想、偽崇高卻頗有好處。一時間，兩派人士爭執激烈，甚至有些動火。

這場爭論因為上海部分學者提出了人文精神大討論而形成高潮，他們提出了中國的人文精神在市場化物質化條件下淪喪失落的問題，要求尋回失落的人文精神。

然而，曾被打成右派分子的著名作家王蒙對這種呼籲大不以為然。他質疑道：「是市場經濟誘發了悲涼的失落感了麼？是『向錢看』的實利主義成了我們道德淪喪，世風日下的根源了麼？」「如果現在是『失落』了，那麼請問在失落之前，我們的人文精神處於什麼態勢呢？如日中天麼？引領風騷麼？成為傳統或者『主流』麼？盛極而衰麼？」

王蒙說，在中國的近現代，人文精神從來沒有被承認，更沒有大力實行，「所以我不明白，一個未曾擁有過的東西，怎麼可能失落呢？」

他認為，市場經濟、大眾文化，乃至於痞子文學，儘管存在著問題和缺陷，但相對於以往的全能政治和人身依附，相對於以前的虛偽和欺騙，其實仍代表了一種進步，如果大談人文精神是要否定當前物質化、世俗化的歷史性進步，那就有可能「退回到文革與前文革時期的階級鬥爭為綱與計劃經濟加精神萬能中去」。

上海學者、討論的發起者之一陳思和在回應貶低人文精神討論的批評時表示：「在現階段的中國，只要不是裝糊塗，身處其文化環境中的人大概都會明白我們所倡導的人文精神是什麼。」「提倡人文精神，就是應該提倡知識分子振作起在現實的各種壓力下日益萎縮的現實戰鬥精神，至少在社會風氣的層面上，為保護人的權利和尊嚴而鬥爭。」他認為王蒙總是警惕上層的左傾，擔心任何不利於市場經濟的批評會導致左派政治勢力有機可乘，這種擔心並非無的放矢，但他的擔憂和批評本身則反映了他一元化的思維立場。

從感情層面而言，我比較傾向於王蒙的立場，他年歲大，有經歷，現實感特別強烈，他所警惕的危險，在中國強大而持久，人們永遠不能掉以輕心，他對人文精神討論提出的質疑，問得犀利而痛快。同時，上海的某些學者中，有些人過於聰明，他們做出姿態對抗市場化的負面作用，其實是想迴避專制主義危害的問題，明顯是在避重就輕。

不過，我也看到，新一類問題確實已經冒頭，而且從人類歷史發展的經驗看，市場化和資本主義的負面作用會越來越明顯，受到的譴責和控訴也會越來越嚴重，從巴爾札克（Honoré de Balzac）到德萊塞（Theodore Herman Albert Dreiser）等作家的一系列作品所反映的現實看來，無不證明了這一點。

左右都是問題

我認為，中國正處在社會轉型時期，存在著兩類問題而不是只有一類問題，政治的壓迫和經濟的不平等，都是我們應該反抗的對象。

針對王蒙視野中的盲點，我在〈社會轉型期的精神文化定位〉一文中寫道：「只警惕文革型危險的人認為隨便什麼東西都比極左的東西好，他們沒有注意到當代第三世界國家的現代化經驗，沒有想到在從傳統社會向現代化社會的轉型中，得到的並不一定就是民主、自由和法治，而是腐敗，金權政治和黑社會。他們的人生經驗中只有一種禍患，即反右、文革等政治運動型災難，那是十八層地獄，他們以為只要逃離這樣的苦難就是進步。歷史苦難的陰影使他們敏感不到新時期的新問題。」

此外，我還寫了〈社會轉型和人文精神：兩方面問題〉、〈要什麼樣的現代化〉等文章，從它們的題目上就可以知道我在說什麼。

有一次參加《大學生》編輯部召開的討論會，我發現坐在自己旁邊的是王蒙，於是在發言中大談社會轉型期存在兩類問題，希望引起他的注意。我認為我達到了目的，王蒙是個絕頂聰明的人。

當我今天寫下文字來回顧當年的那場討論時，四分之一個世紀的時間過去了。現在看來，當年斷言中國社會面臨的問題不是單一方面而是兩個方面，這是對的。而且，這兩方面的問題不是處於此消彼長的關係，而是相互促進、共同惡化。

也許，在今天如同當時一樣，還有人堅持惡從根本來說是出自於專制極權，出自於極左的意識形態，另外也有一派人一如既往地認為惡主要是出自於市場和資本。我想指出的是，這20多年的時間證明，這兩種惡並非互不相干，而是相互糾纏在一起，難解難分，或者說乾脆就是合二為一。極權靠市場和資本支撐，這正是中國特色，或者說，這正是中國特色社會主義的本質。

向民族主義靠攏

六四鎮壓和緊接著的蘇聯東歐巨變，在中國的思想文化方面產生了巨大而複雜的影響。六四事件證明，生硬的馬列主義教條灌輸並非使年輕人保持忠誠的好方法，而蘇聯東歐社會主義陣營的瓦解，使得本來就沒什麼吸引力的共產主義意識形態徹底破產，促使中共當局在意識形態上產生了求助於民族主義的需要。一些政治敏感的學者與文化人也感覺到了這種需求，開始以民族主義言說來迎合。

何新在 1992 年年中向官方建言，明智的宣傳，是高舉愛國民族統一戰線的旗幟，「特別應當把弘揚中華民族精神和文化傳統的愛國主義、民族主義，作為現代政治意識形態的核心內容。應當著重向全民——特別是知識分子和國家公務人員，灌輸以國家民族利益作為崇高精神本體的愛國主義政治意識形態。」

蕭功秦在〈民族主義與中國轉型時期的意識形態〉中提出，中國當代的現代化可以採納儒家主流文化為基礎的民族主義作為社會凝聚力與整合的資源。原有的社會主義意識形態和經濟發展實績也是政治合法性的基礎之一，但這還不夠，還必須具備民族傳統豐富的歷史文化資源。也就是說，蕭功秦看到了現存的黨宣傳已經無法征服人心，他主張輔之以民族主義，以收「動之以情，曉之以理」之效，說服民眾擁護共產黨。

如果說何新和蕭功秦代表的是一種奏摺派民族主義，那麼瀰散於整個中國社會，尤其是青年之間的，則是一種粗鄙的民族主義。1996 年出版的《中國可以說不》正代表了民族主義情感中狂熱和非理性的一面，雖然本書前言欲蓋彌彰地說：「這不是一份民族主義宣言。」但它的標題，以及某些章節的標題卻表明此書宣洩的是反美情緒。

比如：「我們不要最惠國待遇，將來也不會給你們這個待遇」、「我絕不搭乘波音 777」。此書的立論基礎是：美國人不但邪惡，而且愚蠢。比如作者斷言：「我敢於下這樣的武論：大多數中國高中學生對美國歷

史文化知識的了解比美國大學生還要多得多。同樣，其他領域中對美國的了解也可能優於美國青年……事實上，美國青年一代墮落的跡象，在吸毒、性愛和電子遊戲機背後，已經顯現出被人類文明拋棄的端倪。美國未來的幹部基礎，就是由這樣的人構成的。而且美國當前的民意基礎——墮落一代的思維印記越來越明顯。」此書作者大談台灣問題，鼓吹武力攻佔台灣，主張「小打不如大打，晚打不如早打」。這本內容膚淺、混亂，帶有明顯商業炒作意圖的書，紅火一時，在大陸得到的喝采聲遠遠大於批評的聲音。

《中國可以說不》表現出一種明顯的針對性和強烈的情緒性，其實，它無非是模仿日本石原慎太郎（Ishihara Shintarō）的《日本可以說不》和馬來西亞馬哈迪（Tun Dr. Mahathir bin Mohamad）的《能夠說不的亞洲》，但民族主義情懷顯然是一個很好的賣點，連一些體制內正規學者所寫的著作也要模仿商業上成功的《中國可以說不》，將書名取為《中國為什麼說不？》。

1999年出版的一本《全球化陰影下的中國之路》，被稱之為「新說不」。此書表達了對中國駐南斯拉夫大使館被炸的反應，書的序中提到：「1999年5月8日，我們終於看到了我們民族生命的衝動，聽到了民族的心靈在吶喊。」作者不同意美國是誤炸使館的說法，並表示即使是誤炸，也說明了美國並不在乎與中國的關係，同時抱怨：「另一方面，中國卻一直把與美國的友好放到一個極高的位置。二者對比，差別極大。」作者還指出：「中國在過去許多年中，一直力圖做一個『好孩子』，這使得美國這樣只懂得力量的國家忘記了中國的實力。」作者建議中國也要做做「壞孩子」，不要怕影響國際形象。作者擔心的是：「現在的中國人已經失去了做『壞孩子』的陽剛之氣，這種社會風氣之中的頹廢之風亟需扭轉。」

時至2022年的今天，人們大可輕而易舉地找到以上牌號的民族主義言論，只需聽聽中國外交官和外交部發言人的講話就行了。人們稱他

們為「外交戰狼」，他們言論的粗鄙與狂熱相較於當年可是有過之而無不及，這實在是中華文明的大不幸啊！

文化民族主義

當然，在 90 年代中期，社會上也曾出現過較為精緻、更具文化形態的民族主義，我將其稱為文化民族主義。它的突出特點是熱衷於證明中國文化比西方文化優越，中國文化將領導世界潮流，它的代表人物是著名學者季羨林。

季教授的基本思想是：西方文明正面臨不可解脫的精神和文化危機，只有東方文化（實際上指的是中國傳統文化）能夠把世界從這種危機中解救出來，因此，21 世紀是中國文化的世紀。他表示，每種文明都有興盛衰亡的過程，西方文明占主導地位已經好幾個世紀，三十年河東，三十年河西，現在輪到東方文化占主導地位的時候了。

我認為這個論點根本不值一駁，它和算命先生的卦辭差不多。季教授還認為，中國哲學的本質是「天人合一」觀，東方人信奉人類和大自然是一體，而西方思想的核心體現在英國哲學家法蘭西斯·培根（Francis Bacon）在「知識就是力量」的這句話中，強調人類要利用知識認識和征服自然，現代人類面臨的環境問題、生態危機等，都是沒有處理好人與自然的關係而產生的弊端。他在文章〈「天人合一」方能拯救人類〉中說道：「我們在目前這危急存亡的時刻，只有乞靈於東方的中國倫理道德思想，來正確處理人與自然的關係……只有東方的倫理道德思想、東方的哲學思想能夠拯救人類。」我指出，季先生在這裡曲解了「天人合一」的含義，所謂的「天人合一」並不是現代的生態哲學。

為啟蒙正名

面對各式各樣的民族主義，我主張一種理性民族主義或稱之為憲政愛國主義，力圖在自由主義與民族主義之間找到共同點，以保證廣大中國民眾巨大的民族主義和愛國主義熱情能在理性與法治的框架內表達發揮。

如果說，90 年代中國大陸思想文化場景的大轉變後重要的景觀之一是民族主義的喧囂和泛濫，那麼可以說，另一重要景觀則是當代西方的種種「後學」或「後主義」──後現代主義、後結構主義、後殖民主義等等傳入中國，對啟蒙、理性、現代化等等價值的解構。長期以來，在中國大陸，啟蒙一直是作為正面價值得到肯定與讚揚，知識界有一種共識：這是五四新文化運動的優秀遺產，值得繼承和發揚。然而從 90年代初開始，這個情況發生了變化。對啟蒙的反思、質疑、批判一波接著一波，一浪高過一浪。一時之間，啟蒙似乎就要變成應該拋棄和聲討的負面遺產。

比如，最早向中國知識界引介薩伊德（Edward Wadie Said）東方主義或後殖民批評的張寬，在其文章〈文化新殖民的可能〉中說道，啟蒙表面上提倡人道主義，其實蘊涵著反人道主義和種族主義，「德國法西斯對猶太民族施下的惡行，乃是啟蒙話語邏輯發展的必然。」他還認為，中國五四新文化運動的啟蒙其實是西方殖民言說的移植：「中國的五四文化運動，大體上是將歐洲的啟蒙言說在中國做了一個橫向的移植。正如我已指出過的，西方的啟蒙言說中同時也包含了殖民言說。而五四那一代學者對西方的殖民言說完全掉以輕心，很多人在接受啟蒙言說的同時接受了殖民言說，因而對自己的文化傳統採取了粗暴不公正的簡單否定態度。如果我們承認中國曾經是一個半殖民的國家，那麼我們也應該正視近代以來中國知識分子的心靈和認識論曾經被半殖民的事實。」

另一位「後家學」張頤武則對當代的啟蒙主義者開刀，他聲言，中

國知識分子在 80 年代沈溺於啟蒙言說中，即是處於對西方話語無條件的臣屬位置和對於現代性的狂熱迷戀之中。他斷言，到了 90 年代，「言說的轉換已不可避免」，「80 年代『啟蒙』『代言』的偉大敘事的闡釋能力喪失崩解」，「80 年代的激進話語變成可追懷的舊夢，消失在歷史的裂谷的另一側」。

我積極投入了捍衛啟蒙的論戰中，寫了大量的文章來為五四時期和 80 年代的啟蒙申辯，其中包括有〈「後主義」與啟蒙〉、〈啟蒙在中國〉、〈啟蒙是中國未竟之事業〉、〈當代思想文化爭論中的「五四」與啟蒙〉、〈誰反對啟蒙，為什麼需要啟蒙〉。在這些文章中，我竭力澄清以下問題：「五四」的啟蒙是否只是在傳播西方殖民學說，80 年代的啟蒙是否是無條件臣屬於西方學說的結果，啟蒙在中國受挫的原因何在，我們應該堅持，還是拒斥？

我在文章中指出，中國「五四」時期的啟蒙雖然借用了西方啟蒙學說，但絕非其學說的橫向移植，因為時代不同，國情不同，思想文化傳統不同，歐洲的啟蒙是要從宗教神學中解放出來，而中國的啟蒙是要從儒家禮教中解放出來，歷史條件的差異使得兩種啟蒙具有不同的內涵。

另外，從事實上看，「五四」時期先進的知識分子引入中國的也遠不只是啟蒙學說，而是引入了他們認為有助於中國擺脫落後的各種各樣學說，比如民族主義、社會主義、國家主義等等，這也是啟蒙學說未能在現代和當代成為強勢學說的原因之一。

同樣，80 年代的啟蒙根本不是無條件臣屬於西方學說的結果，而是對於給中國帶來深重苦難的文化大革命進行反思、批判和撥亂反正的努力。為了避免文革悲劇的重演，為了與當時還廣有市場的極左學說相對抗，中國知識界大力倡導人道主義、科學理性、自由、民主、法治，這諸種話語與歐洲啟蒙學說不謀而合，但卻是出自中國人經歷苦難之後的醒悟。

　　事實上，在 80 年代引入西學的風潮中，最突出的缺陷恰恰是缺乏對於歐洲啟蒙思想的專注，大致說來，80 年代在中國最走紅的西方學說是尼采、海德格爾的思想，而這些思想基本上是與歐洲啟蒙思想相對立的。啟蒙學說在 90 年代受挫，其原因並不在於它已經失效，而是因為它受到了官方的壓制，被說成是「全盤西化論」。

　　我在〈「後主義」與啟蒙〉一文中提出，啟蒙是中國未竟之事業：「中國的兩次啟蒙——『五四』啟蒙和 80 年代啟蒙——雖不能說完全失敗或半途而廢，但遠未達到自己的目標。因為我們還不能說，廣大的中國人民已經能夠運用自己的理性對一切作出獨立判斷，能夠意識和捍衛個人的自由、尊嚴和權利。」試看今日之中國，文革中盛行的個人崇拜和個人迷信早已捲土重來，「忠誠不絕對，就是絕對不忠誠」被提倡為行為準則，「妄議中央」居然可以入罪，這一切充分說明我們目前距離理性思維和獨立判斷有多遠，需要再次啟動啟蒙工程有多麼迫切。

　　提到對啟蒙的辯護和捍衛，就不得不提到對於中國牌號的後現代主義的批判。因為，為消解和攻擊啟蒙提供理論的，正是後現代主義以及類似的種種「後主義」。老實說，我不能肯定後現代主義在其發源地西方社會起什麼作用，但我斷定它不適用於現階段的中國。我在與中國後現代主義者的論戰中指出，對於中國來說，現代化並沒有過時，還是未竟之事業。我注意到一個重要的事實：後現代主義在中國大陸的急速傳播恰好發生在六四鎮壓，當局大力打壓「全盤西化」論之後。

後現代主義

　　早在 1985 年，應北京大學中文系教授和比較文學研究所所長樂黛雲的邀請，美國學者，後現代主義文藝理論家弗里德里克·詹姆森（Fredric Jameson，漢名詹明信）教授在北大開設了西方文化理論專題課，作題為「後現代主義與文化理論」的系列講座。講座受到學生們的

歡迎，但沒有超出正常學術交流的水準。這是後現代主義第一次被引入到中國大陸，通過詹姆森教授的講演，學生們擴大了眼界和知識，掌握了後現代主義的基本概念和理論，這本來是一件波瀾不驚的事情。

但在 90 年代初，後現代主義得到了異乎尋常的鼓吹和傳播，以至於（說誇大一點）在某些學術會上幾乎到了言必稱後現代的程度，還誕生了以鼓吹後現代主義著稱的三大「後主」（北師大的「王後主」王一川、北大的「張後主」張頤武，社科院的「陳後主」陳曉明），十分風光。我認為，作為知識和學術，中國大陸學界對於後現代主義有了解，有研究，是好事，但如果它成了清算 80 年代啟蒙的工具，那就有必要把問題說清楚。

我在 1995 年初發表一篇文章〈後現代主義及其對當代中國文化的挑戰〉，以澄清後現代主義對於當代中國的作用，之後陸續發表過 10 多篇文章，直接向當時盛極一時的「後學」和紅極一時的「後主」發起挑戰，其中有〈關於後現代思潮的一種哲學評論〉、〈關於後現代思潮的對話〉、〈關於後現代哲學的幾個問題〉、〈後現代思潮與當代中國文化〉、〈超越「現代性」？〉等等。

我在文章中經常提到的是，西方的後現代主義者並不認為後現代主義適用於中國大陸。當代的後現代主義大師，當他們知道自己的作品傳到中國以後，專門為自己的中文版著作寫序言，警告中國的讀者，說後現代主義是不能模仿的，它屬於既複雜、又特殊的傳統。

說得最好的就是《走向後現代主義》的編者杜維·福克馬（Douwe Fokkema），他說，後現代主義話語具有明確的地理和社會的限制，西方文化名流們過著奢侈的生活，這種生活條件為他們的後現代主義的自由實驗提供了基礎，對於那些處在溫飽問題還沒解決的人，對於那些還在飢餓和貧困中的人來說，後現代主義的想像是風牛馬不相及的。然後他又明確地說，與後現代相關的生活狀況，在中華人民共和國並不存在。他說，他根本無法想像後現代主義在中國獲得贊同與接受。

　　儘管我的批評相當尖銳，事實上，並沒有形成論戰，因為鼓吹後現代主義的人根本不接戰。在中國，人們自說自話已成了習慣，問題往往不了了之，而不是爭論個水落石出。

昆德拉 vs 哈維爾

　　在 90 年代思想文化場景的大變換中，關於昆德拉（Milan Kundera）和哈維爾（Václav Havel）的討論構成了一道奇特的風景。奇特之處在於，中國大陸知識界一種重要的價值觀變化和心理波動，是通過米蘭‧昆德拉的小說《生命中不能承受之輕》爆發式走紅反映出來，而討論的不奇特之處是討論所指涉的一方始終保持緘默，既沒有抗議，也沒有辯駁。

　　與後現代主義的情況類似，小說《生命中不能承受之輕》出現於 80 年代中期，剛問世時並未引起特別的迴響，而在六四鎮壓之後──就像「布拉格之春」被蘇軍鎮壓之後──逐漸受到推崇。再與後現代主義的情況類似的是，這場討論的重點不在於小說或作者本身，而在於它在中國引起的反應，以及這些反應說明了什麼問題。

　　在 90 年代初，不少人因為嚴酷的現實和劇烈的社會變動，失去了前不久還引以為傲的理想和原則，生活中的壓力及誘惑使人試圖追求以前看不上的其他事務。但中國的文化人有個毛病，也許是內心深處的良知還沒有完全泯滅，他們感到需要有一些冠冕堂皇的理由來為自己生活態度的轉變辯解，以我愛用的話來說就是──文化人需要用形而上的理由來替自己形而下的生存狀態辯護。

　　這時人們發現了昆德拉的作品，他們把昆德拉在小說《生命中不能承受之輕》中表述的思想解讀為：「抗爭」本身就屬於集權主義話語，抗爭沒有用處，抗爭需要的集體性行動本身就具有集權主義的整體性和

強制特徵；他們把「理想」、「人類」等等都劃歸於應該消解而不是應該堅持的「宏大敘事」、「話語霸權」之類。這裡，可能有對昆德拉的曲解，當然昆德拉實際上確實也有類似的傾向。

《生命中不能承受之輕》描述了小說主人翁之一托馬斯走進徵集抗議信簽名者的房間中時，迎面看見牆上一幅大大的宣傳畫：

> 那張畫模仿了 1918 年蘇聯國內戰爭徵兵時的一張著名宣傳畫報，畫上有一個士兵，戴著紅五星帽子，用分外嚴峻的眼神直瞪瞪地盯著你，將食指指向你。原畫的俄文標題是：「公民，你加入紅軍了嗎？」取而代之的捷克文標題是：「公民，你在兩千字宣言上簽名了嗎？」

昆德拉想說的是，以爭取自由為名而行強制之實，捷克的反抗者和蘇聯的占領軍有多大區別？當徵集者希望托馬斯盡快考慮決定是否簽名時，他感到這人和要求他簽署收回觀點聲明的員警根本沒兩樣，「人們總是試圖迫使他在一份不是自己親筆書寫的聲明上簽名」。

托馬斯認為，靠一紙請願書根本達不到目的，甚至會適得其反。當他的兒子說出：「簽字是你的責任」時，他瞬間被激怒了，他將之視為要脅，斷然拒絕簽名。如果昆德拉想表達的是，托馬斯有權拒絕簽名，這沒有錯，尤其是在他描述的那種情況下，選擇拒絕很可以理解。但昆德拉的主張遠非僅只於此。

昆德拉還藉由書中另一位主人翁薩賓娜的觀點表明，儘管蘇聯的入侵使得群情激憤，人們走向街頭遊行示威，高舉拳頭，呼喊譴責社會帝國主義的口號，但在法西斯和所有的入侵與占領背後，「潛在著更本質更普遍的邪惡，這邪惡的形象就是人們舉著拳頭，眾口一聲地喊著同樣的口號齊步遊行」。

反抗壓迫與壓迫本身同樣邪惡，這是什麼邏輯？面對如此令人不安的邏輯，我們不能不把目光轉向哈維爾。

哈維爾以平和的口氣這麼評論昆德拉：

自然，在每一篇請願書中，甚至每一個簽名都有那麼一點昆德拉所譏笑的那種成分。所以，我就不能反對昆德拉的譏笑，特別是因為那只是在小說裡譏笑。我反對他，是他看不見，或故意拒絕去看事物的另一面，事物的那些不明顯但也更充滿希望的那一面。我指的是這些事物可能具有的間接的和長遠的意義。昆德拉也許會成為他自己懷疑主義的俘虜，因為這種懷疑主義不允許他承認冒著受人譏笑之風險而做出勇敢的行為可能更有意義。

如果說，昆德拉在小說中把抗議運動寫得烏煙瘴氣，把抗議人士寫得醜態百出，那麼哈維爾卻以自身的言行提供了相反的形象。從哈維爾的自述中可以看到，在真實的運動中，以平常心投入，只顧效果而不計名位，處事有舉重若輕氣概者，大有其人。

作為運動的發起人和領導者，哈維爾在〈論《七七憲章》的意義〉一文中指出，與政治家通常的爭取、鼓動、說服、指導、號召，甚至命令威脅不同，《憲章》不強迫別人幹什麼，不鼓動、號召大家，不試圖對任何人說教，不代表任何人，也從不抱怨那些不支持它的人們。「《憲章》並不認為它的活動方式是唯一的、最好的，也並不希望大家都去仿效它。」

哈維爾特別不能同意昆德拉書中的這種說法：請願毫無用處，只是一些人想出風頭。他說，受難者認為：

當得知人們普遍表現淡漠無情、聽之任之的時候，仍然有人了解他們，有人公開地站在他們一邊，對他們毫不猶豫地表示支持，這本身就有不可替代的價值。即使沒有別的理由，這種情感本身就使那篇請願書顯得非常重要。我自己的經歷告訴我，外面的人對我表示支援的消息，能夠幫助一個人在獄中生存下去。

然而，它還有更深的意義：這標誌人們重振士氣、恢復公德心的過

程的開始。

許多人迴避社會責任和道義表態的理由是，他們厭惡政治，似乎任何政治性或社會性行動都必然扭曲人性，但哈維爾談到不同信仰、職業、年齡的人參加他發起的運動時說：「與其說他們是由於政治觀點一致而聚集在一起，倒不如說他們是因為人的本性而走在一起來了的。在這裡，人性超越了政治，促使他們團結在一起的動機首先是道德方面的。」

誰也不能強迫別人參與政治，無權要求別人為真理、為正義鬥爭，但對每個人都可以要求：你起碼應當成為一個公民。在哈維爾看來，做一個公民，就應當意識到表明自己觀點和看法的權利和義務。他甚至提出了更高的標準：自由的整體性和法律的整體性也是恢復公民意識的前提、組成部分和結果。這裡所謂整體性，就是指不但自己是公民，別人也是公民，當別人的公民權利受到侵犯和剝奪時，你不能無動於衷，因為這不只是對某個人的侵犯，而且是對公民權本身的侵犯。

在這裡，我們終於有了一種新型的政治，新型的抵抗哲學，而這是哈維爾教給我們的。

應該說，在這場關於昆德拉和哈維爾的討論中，我表現得相當主動積極，因為感觸很多，心中想說的話很多。我發表的相關文章包括〈昆德拉、哈維爾和我們〉、〈理解哈維爾〉、〈存在的意義和道德的政治〉、〈哈維爾並不是登高一呼應者雲集的英雄〉。我含蓄而不無偏頗地表達了這樣的意思：如果不得不在昆德拉和哈維爾之間作取捨的話，我們只能〈寧要哈維爾，不要昆德拉〉。

第七章

自由主義、新左派、社會民主主義

自由主義 vs 新左派

從上世紀 90 年代中期起,在中國知識界出現了自由主義和新左派思潮,以及這兩種思想的爭論。這是自 1949 年以來中國大陸知識界中罕見的、大規模的、具有自發性、不使用官方意識形態詞彙的爭論。大陸和海外的中國學者紛紛捲入了這場爭論,這場爭論同時也得到了台灣和香港知識界的關注。

我在 1999 年和 2002 年在英國牛津大學作訪問研究時,就參加過兩次以這個問題為主題的學術研討會,會議的名稱都叫「自由主義與新左派之爭」(The debates between liberalism and the new left),第二次會議後,還在英文版的《當代中國思想》雜誌上做了一期專題,可見國際上的重視。這場爭論一直延續到進入新世紀的第一個 10 年。據我所知,在中國大陸已經出版了好幾本文集,收集了主要的相關文章,反映了各種立場和觀點。

有必要作幾點說明。首先,「自由主義」和「新左派」在中國的含義和在西方並不完全一樣,就像「自由主義」、「保守主義」等概念在美國和在歐洲的含義也有所不同一樣,我們唯有透過對兩派具體主張和爭論剖析解讀,才能把握它們的確切含意。當然,到後來我們可以看到,其實兩者基本立場的分野還是清楚的,不論是在中國還是西方,爭論產生於對個人自由、市場經濟、全球化等等的不同態度。

其次我還想說明,許多人拒絕「新左派」這個稱呼,有人認為它是過分簡單化了,有人則認為使用這樣的稱呼是一種話語陰謀,基於以下理由,我認為「新左派」一詞是恰當的。

一、他們的思想理論資源完全來自於當代西方新左派,如薩米爾·

阿明（Samir Amin）、華勒斯坦（Immanuel Maurice Wallerstein）、安德列‧岡德‧法蘭克（Andre Gunder Frank）、愛德華‧薩依德、多斯桑托斯（Theotonio dos Santos）和諾姆‧杭士基（Avram Noam Chomsky）等等，他們的文章和言論常常發表在西方新左派刊物上；

二、他們和中國老左派一樣，只反資本主義和市場經濟，不反專制主義；

三、與老左派一樣，他們肯定毛澤東的左傾做法，如大躍進、人民公社、文化大革命等等，號稱要「繼承社會主義遺產」。

另一方面，自由主義派喜愛引證或介紹洛克（John Locke）、休謨、孟德斯鳩（Montesquieu）、亞當‧史密斯（Adam Smith）、伯克（Edmund Burke）、海耶克（Friedrich August von Hayek），以及中國的胡適、儲安平等，強調個人的權利和自由、主張法治、支持市場經濟，贊成對政府權力的制衡，這些都是自由主義的特徵。

自由主義者和新左派在今日中國幾乎每一個重大的政治、社會、文化問題上都有不同的看法，在與新左派的論爭中，我把雙方的分歧和對立歸納為以下幾點。

問題一：市場經濟和社會不公

轉軌（過渡）期的腐敗與社會不公現象觸目驚心，引起廣大群眾及知識分子的關注、議論。分歧點主要在於，一方認為問題出在市場經濟本身，應對其加以批判抵制，另一方則認為問題的主因在於市場未能擺脫舊權力體制的控制，不成熟、不規範，因此解決問題的出路在於發展並完善市場經濟，特別是要規範市場。

持新左派觀點的韓毓海說：「在『到奴役的道路』上，資本自由化

看起來是加劇了特權階層的特權，增加了奴役而不是民主。」他還說：「正如同我們不想讓幾個財團壟斷了我們這個世界的共同資源，壟斷了價格、雇工和市場，進而心安理得地奴役我們，並造就一個有錢人因過剩而不買，大多數人則買不起的反市場的經濟危機，我們就必須為工人階級，為中小企業，為農民爭取權力。」

而另一種觀點認為：「中國向市場經濟轉型問題再多再嚴重，也只能硬著頭皮向前走，絕不能走回頭路，絕不能返回衣、食、住、行都被人包辦，種什麼、造什麼、賣什麼都得等上級指示的那種日子。」並主張，「第一，要搞真市場、真正的自由競爭，要使規則公正，人人遵守，要把權力逐出市場；第二，要依靠法治，完善法制，例如，通過修憲保護合法的私人財產，通過立法縮小貧富差距，依靠法律懲處腐敗，防止國有資產流失。」

問題二：全球化和加入世貿組織

新左派反對中國以積極的態度對待全球化並加入世貿組織（World Trade Organization，簡稱 WTO），認為此舉正是把中國納入不公正的世界資本主義體系中，認為資本主義國家從一開始就是依靠剝奪和奴役其他國家發展起來的，它們現在也和殖民地時代一樣主宰著這個世界。

陳燕穀在《讀書》雜誌上發表文章說：「資本主義的生存一天也離不開而且每天都要再生產兩極分化的全球等級結構。」他還認為，「第三世界國家於目前歷史條件下的發展，只能是一種不平等的發展，甚至是自殺性發展，因為現代技術與落後的資本主義發展災難性的結合，無論是對於人民還是對於環境，都造成難以想像的破壞，其嚴重的程度甚至超過了殖民主義時代。」他的結論很清楚，第三世界國家現在的唯一任務，就是開展全球範圍內的反資本主義的鬥爭。

我不同意他的看法，提出以下批駁：「這種〈現在發展是自殺〉、〈不能在一國發展〉、〈先革命，後建設〉的論調是極其荒謬和危險的，它只會使後進國家沉溺於〈世界革命〉的幻想和狂熱中，在經濟上永遠落後，使貧富差距越來越大，兩極分化越來越嚴重。近二、三十年來，一些國家地區在經濟上有飛速發展，這充分說明了，在全球化時代，挑戰與機遇並存，能否發展，事在人為。克服經濟發展中的負面效果（資源浪費、環境污染等），也是事在人為，我們不必抱持悲觀宿命的態度，在這方面，國際合作也是有益的。」

問題三：關於中國國情

有新左派想要證明中國社會現在是資本主義或市場社會，是世界資本主義體系的一部分，外國資本在中國國民經濟中起著舉足輕重的作用。這當然絕非易事，汪暉所能說的是：「在中國經濟改革已經導致市場社會的基本形成和三資企業占據國民生產總值一半以上的時候，我們也已經不能簡單地將中國社會的問題說成是社會主義的問題」；「中國的問題已經同時是世界資本主義市場中的問題，因此對中國問題的診斷必須同時也是對日益全球化的資本主義及其問題的診斷」。

另一種觀點認為，這種思考的出發點不是現實，而是理論。「為了把西方左派關於全球資本主義體系的知識和概念運用到中國，他們對中國的國情進行變形和套裁，使之符合當代西方新左和新馬的分析框架。」雖然中國的市場因素在增長，大城市中社會心理、消費習慣的資本主義傾向在發展，但從經濟成分、投資比重、就業結構，以及私有制在憲法和法律中的地位等各方面看來，整體而言，中國仍不是市場社會和資本主義社會。「把中國說成是市場社會，是跨國資本主義的一部分，其結果是把批判的視線從中國社會內部引開。」

問題四：如何看待大躍進、人民公社、文革等等

崔之元對於批判文革中和文革前的極左路線不滿，讚揚人民公社：「1958 年後建立的人民公社政社合一體制，雖然不如今天的聯產承包責任制靈活，但也為今天的村民民主自治奠定了重要基礎：首先，土地的集體所有，為鄉村的民主自治切切實實地創造了有利的前提……其次，現在的聯產承包責任制是『雙層經營』，並非簡單地分田單幹，鄉村公共建設、產前產後服務等『集體層』更趨重要，各家各戶在為鄉村公共財政交納稅費時，必然同時要求政治參與監督，從而為鄉村民主自治提供了物質利益動機。」

他還鼓吹「大寨經驗」，說「鞍鋼憲法」和目前西方最先進的「後福特主義」一脈相傳，是西方人從毛澤東那裡學去的。他甚至提倡要「發揮文革中的合理因素」，公然鼓吹「文革七、八年再來一次：「今天，我們應把毛澤東所謂『文革七、八年再來一次』制度化為定期的全國性直接普選，這才是『人民民主專政』或『無產階級專政』的本質。」

這種話簡直是駭人聽聞，毛澤東的原話是：「天下大亂，達到天下大治。過七八年又來一次。牛鬼蛇神自己跳出來。他們為自己的階級本性所決定，非跳出來不可。」根據文革的經驗，毛澤東這話意味著：每七、八年中國就要大亂一次，得停止生產、關閉學校，法制蕩然無存，知識分子受盡凌辱和摧殘。這與民主、普選毫無關係，崔之元顯然並不知道自己在說什麼。

南京大學的高華教授指出，這些對大躍進、人民公社和文革的讚揚與提倡，均出自於對過去歷史真實的不了解。「時下某些學人從預設的立場出發，將自己的想像附麗於歷史，以某種理想化的態度來構築過去。」

問題五：如何看待 80 年代的思想解放運動和五四新文化運動

張頤武要否定和清算 80 年代的批判和啟蒙話語，說那是「在『啟蒙』話語中沈湎的知識分子對西方話語無條件的『臣屬』位置和對於『現代性』的狂熱迷戀」。

張寬則把當代對啟蒙、理性、民主、自由的提倡和追求追溯到五四而加以否定：「中國的五四文化運動，大體上是將歐洲的啟蒙話語在中國做了一個橫向移植，西方的啟蒙話語中同時包含了殖民話語，而五四那一代學者對西方的殖民話語完全掉以了輕心，很多人在接受啟蒙話語的同時接受了殖民話語……如果我們承認中國曾經是一個殖民地國家，那麼我們也應該正視近代以來中國的知識分子的心靈和認識論曾經被半殖民的事實。」

與之相對的立場則捍衛啟蒙，捍衛 80 年代思想解放運動和五四新文化運動的方向，認為進步的知識分子在這兩次運動中並不是簡單地追隨西方話語，而是基於中國現實條件，為解決中國的實際問題而推動思想解放運動，這兩次啟蒙雖然不能說完全失敗或半途而廢，但還沒有達到自己的目標，對於中國的現代化，啟蒙是未竟之事業。

問題六：中國的現代化

西方自近代以來一直有對於現代化的批判，在當代，這種批判更猛烈、更有系統；中國的知識分子中，將西方質疑和反對現代化的思潮運用於本國者不乏其人。有人認為，中國不存在現代化受阻和受挫的問題，中國面臨的危險是重新變成殖民地：「與其說我們的時代是一個後殖民的時代，不如說是一個新殖民的時代。」諸如「與國際慣例接軌」、「市場機制」、「競爭機制」等都是殖民話語；在人權、市場經濟、知

識產權等問題上，中國應有自己的標準，以便「從根本上去挑戰和拒絕西方權勢話語」；這種立場把「自由、民主、多元、作家的獨立性等概念」全都當成「資本主義觀念」。

更時髦、更精緻的作法是不講現代化，而是談「現代性」。有人主張，具有正面價值的是對現代性的批判而不是肯定：「現代性的衝突結構恰恰是現代性迄今仍然具有某種活力的原因，但是，這種內在活力恰恰來自對現代性的批判和衝擊本身。」

與之對立的觀點認為，我們應當警惕西方理論進入中國發生錯位，西方的理論產生於與中國大不相同的條件下，一種理論在西方是激進的、批判性的，在中國的國情中所起的作用可能恰恰相反。中國人民一百多年來一直矢志不渝地為實現現代化而奮鬥，現代化或現代性的弊病對中國並不是現實的嚴重問題，現在大談現代化的弊病，就像還沒有解決溫飽問題的人就要搞節食和減肥一樣。

問題七：與極端民族主義立場有關的一系列國際問題

新左派立場和極端民族主義立場有部分重疊，他們用「美國搞霸權」來解釋國際上發生的所有事情。新左與自由兩派最明顯的對立是人權與主權孰高孰低的問題。

當北約在科索沃進行軍事干涉時，新左派指責北約藉口人權問題搞霸權，完全不提那裡發生過種族清洗與暴力鎮壓。在 9.11 恐怖攻擊事件發生後，新左派強調，美國的霸權主義和中東政策是恐怖主義產生並蔓延的原因，有位新左派經濟學家甚至認為，恐怖主義產生於這一事實：美國是世界上最大的能源消費者和浪費者，美國人要不惜一切手段控制中東地區的石油。他們認為，恐怖主義是弱小民族或集團對強權的絕望反抗，因此有某種意義的正義性。

而自由主義者一直主張要警惕極端民族主義，有人認為，盲目的民族主義是五四以來中國知識分子所犯的最大錯誤之一；更有人認為，不能以國家主權為藉口，使專制政府侵犯人權的行為合法化。

長期以來，在中共統治下的大陸，「自由」和「自由主義」之類的概念是最危險和最受敵視的，即使在文革結束之後，從 80 年代初開始，「反對資產階級自由化」也一直是用來打擊民主派人士的大棒和發動整人運動的動員口號。

為什麼自由主義可以堂而皇之地在 90 年代中期登上中國大陸的思想文化舞臺？除了有一大批自由派人士具有冒險犯難的勇敢精神，時運的變化是更重要的因素。下面，我將仔細分析作為一種思想牌號的自由主義為什麼會在 90 年代中後期正式出現，以及出現的過程。

自由主義在中國

首先和最重要的，是市場經濟的改革方向得到官方的認可，這使市場經濟在中國出現，並得到快速發展。在某種程度上，自由主義經濟學在中國的話語系統中取得了合法地位，經濟學家可以大談古典自由主義經濟學，大談「看不見的手」的積極作用，批評中央計劃經濟的種種弊病。

比如，經濟學家茅於軾在一篇題為〈什麼是經濟的自由主義〉中說：「計劃經濟還是自由經濟是從本世紀初就開始爭論的大題目。30 年代資本主義世界發生了經濟大蕭條，計劃經濟的學說甚囂塵上，以後演變成為全盤公有制的控制經濟。世界上近 20 億人口成了這種信仰的犧牲品。幾千萬人餓死，十幾億人被剝奪了享受人類文明的成果。」

盛洪也在〈從經濟自由主義的角度看〉中說：「經濟自由主義是人類的大智慧，只有從長遠的歷史角度才能看出它的巨大價值……走上計

劃經濟的彎路，起因於對經濟自由主義價值的拋棄；而市場化的改革，以及隨之而來的我國經濟的崛起，必然帶來我國文明的復興。」

其次，雖然談中國的文化大革命往往屬於禁忌話題，但人們對文革的批判和認識還是越來越深入，這種批判和認識的最高程度就是達到自由主義。在此，應該談談顧準的思想和作用。

顧準早年參加革命，1949 之後擔任政府高級職務，他在稅收政策上的獨立見解使他失去官職，成為學者後，他在 50 年代鼓吹市場經濟的積極作用而受到批判並被打成右派。顧準在文革期間受到難以想像的非人待遇，但他一直在艱苦的條件下研究中國的政治和社會問題，特別研究中國的「民主革命」怎麼會變成文革的全面專制，研究中國到底應該以什麼樣的政治學說作為立國原理。

他以罕見準確的表述贊同自由主義觀點，批判史達林式的高度集中權力制度，贊成憲政民主和代議制，他的遺稿表明，他甚至對西方政治哲學中的英美經驗主義和法國唯理主義和浪漫主義傳統都有深入的研究和認識。經過艱苦而漫長的努力，顧準的遺稿得以發表，並在知識界產生重大影響。

第三、中國在 20 世紀 30 至 40 年代曾經有過興盛的自由主義運動，這筆遺產在 90 年代被重新發掘，深入研究，發揚光大。中國有一大批在英美受過教育的知識分子在中國的政治、社會、文化生活中持自由主義立場，一度形成獨立於國民黨和共產黨的第三種力量。自由主義自從 50 年代初受到大規模批判，近半個世紀在中國銷聲匿跡。在 90 年代，中國知識界重新注意到那一段歷史，他們的作用被重新評價。

比如，一本名為《自由主義之累——胡適思想的現代闡釋》，其中說胡適「一生致力於民主政治的建設，捍衛人權、法治、思想自由等基本原則」，「隨著中國現代化運動廣泛、深入地開展，胡適的歷史地位逐漸確立，胡適思想內涵的現代化意識必將為人們所承認。」

另一位自由主義學者殷海光在台灣堅持自由、民主的鬥爭，他的事蹟在大陸引起注意，得到讚揚，他的著作也得到發行和傳播。

第四、從 90 年代中期起，大陸出現了又一輪翻譯出版熱潮，而自由主義著作受到極大重視，引起很大迴響。其中最引人注目的有海耶克的《通往奴役之路》和《自由秩序原理》，卡爾‧波普的《開放社會及其敵人》。另外，下列重要自由主義思想家的著作也被翻譯出版，並受到廣泛評論：艾德蒙‧伯克、托克維爾（Alexis de Tocqueville）、以賽亞‧伯林（Sir Isaiah Berlin）、羅爾斯（John Rawls）、諾齊克、德沃金（Ronald Dworkin）等。

從 90 年代初開始，一大批自由主義學者持續不斷地發表論著，雖然尚未亮出自由主義的旗號，但自由主義立場和精神卻是昭然若揭，其中包括劉軍寧的文章〈保守的柏克，自由的柏克〉、〈毋忘「我」〉，梁治平的文章〈風能進，雨能進，國王不能進！〉，朱學勤的論著《道德理想國的覆滅》，錢滿素的論著《愛默生和中國——對個人主義的反思》，李強的《自由主義》、劉軍寧的《共和‧民主‧憲政——自由主義思想研究》等，無不是梳理或闡釋自由主義的基本理念和精神，影響深遠的優秀作品。

到了 90 年代後期，正式、全面闡釋自由主義理念的話語得到了明確表達。

1997 年 3 月，我在《文化中國》上發表〈新世紀對自由主義的重新詮釋〉一文中，提出了「世紀之交中國知識分子的重大任務之一，是重提自由主義的話題，並在新形勢下重作體認與詮釋。」「我們主張現在有必要重新理解和闡釋自由主義的原則和內容，重新估價它在中國現代化進程中的作用，首先是因為它的內在價值，它在人類文化發展過程中以及近現代社會生活中發揮的正面影響，它的精神和內涵的普適性。」

1997 年 11 月 28 日朱學勤在《南方週末》上組織發表了一組紀念當代自由主義思想家伯林逝世的文章，並在〈伯林去矣〉一文中提出，西方思想大師處理的是對自由的內涵與邏輯結構的事後分析，而對我們更重要的是事前的努力爭取。

李慎之對自由主義的肯定評價與闡揚使得自由主義的登場更為引人矚目。他在 1997 年 9 月出版的《顧準日記》序中說，顧準追求的是自由主義，並說：「在已經到世紀末的今天，反觀世紀之初，從辛亥革命，特別是五四運動以來，中國志士仁人真正追求的主流思想，始終是自由主義；雖然它在一定時期為激進主義所掩蓋。然而中國的近代史，其實就是一部自由主義的理想屢遭挫折的歷史。然而九曲黃河終歸大海，顧準的覺悟已經預示了這一點。」他在 1998 年 5 月出版，劉軍寧主編的《北大傳統與近代中國》一書的序中還說：「世界經過工業化以來兩三百年的比較和選擇，中國尤其經過了一百多年來的人類史上規模最大的社會實驗，已經有足夠的理由證明，自由主義是最好、最具有普遍性的價值。」在公然亮明自己的自由主義立場之後，李慎之被稱為當代中國自由主義的「領軍人物」。

我在 1999 年年中發表〈自由主義與當代中國〉一文，提出在中國重提自由主義的歷史條件已經成熟，國內外一系列的巨大變化，促使自由主義再次登上思想文化舞臺，並闡明了自由主義對當代中國面臨的重大問題所持有的立場。

主要問題在專制

同樣地，中國新左派在 90 年代出現，也是由一系列因素促成的。

首先和最重要的是，從 90 年代起，人們越來越明顯地感覺到，在中國，除了極左餘毒和不受限制的權力的壓制外，又出現了另一種惡，

另一種壓迫形式，另一種社會不公正的原因，這就是金錢、資本的力量。

舊的壓迫形式——專制——已經存在多年，對許多人來說，這是生而有之的現實，已經視若無睹、見慣不驚。而金錢所造成的不平等，對人們心理上形成的衝擊要大得多，你的左鄰右舍、同事、朋友、親戚，但凡有人買小車、遷新居、出國旅遊，都會刺激你的神經，使你在心理上產生不平衡。

中國人中看過索忍尼辛（Aleksandr Isaiyevich Solzhenitsyn）的《古拉革群島》和米洛萬·吉拉斯（Milovan Đilas）的《新階級》的並不多，所以對於以社會主義為名實行的政治壓製作不了什麼深入的批判和分析，但他們卻熟悉從《共產黨宣言》到巴爾箚克一系列經典作品對資本主義罪惡的揭露和批判，他們有現成的語言來表達對金錢這種惡的憎恨。而一個深刻的哲學原理是，語言不僅是感覺的表達，甚至是形成感覺的原因。總之，我想說的是，中國人對於權力的壓制和經濟不平等的感受力是大大不同的。

以上看法還可以從分析中國傳統思想文化得到支援。中國的傳統中缺乏個人自由和個人權利的因素，整體主義、民族主義、國家主義一直占主導地位。中國社會雖然歷來並不平等，但平等的思想卻十分強烈，從古至今以來中國人就信奉一位聖賢所言：「不患寡而患不均。」在現代，傾向社會主義的新傳統一直占支配地位，也不管所謂的社會主義是真的，還是假的。

我並不是說，不應該批判金錢和資本的罪惡。恰恰相反，我認為，看到另一種形式的壓迫和不平等正在出現，是十分重要的。問題在於，這種新形式的壓迫和不平等是不是已經取代了原先的那一種，或者與原先那一種無關。直截了當地說就是，中國的根本問題是政治體制需要改革，還是資本主義的經濟剝削成了主要問題？我認為主要還是前者，而且後者依附於前者。

中國從 90 年代起出現了急遽的社會轉型，政治和社會問題變得複雜、交錯，這使得人們在討論中國問題時必須具備一種健全的現實感；我指的是，我們不但應該看見問題本身，同時要恰如其分地權衡它的分量。

人們早已注意到，中國大陸的新左派中，不少人的專業是文學，他們觀察中國問題的方式帶有文學特徵，這樣的人敏感，善於捕捉某些新的動向和徵兆，但無法從數量和統計的角度分析問題。

資本和金錢的壓迫確實出現了，它確實是值得注意的新東西，但這遠不能說明中國社會已經變成了資本主義，中國的問題已經是資本主義剝削或資本主義世界體系的問題。

我還想指出，在中國的意識形態條件下，批判資本主義具有相當的安全性。當新左派批判資本主義時，並未涉及特定的東西，有時他們甚至明確說明他們批判的是國際資本，是美國的好萊塢電影或麥當勞食品，中國官方對這樣的批判是不會反感和打壓的。

有趣又諷刺的是，一些在美國拿到博士學位並在美國任教的中國人成了新左派的生力軍。他們在美國的大學中學的就是種種新左派、後現代、後殖民理論，他們的導師用這些理論批判西方社會和資本主義，他們則把這套理論運用於中國的現實，為此目的，他們硬是把中國說成符合他們理論的資本主義社會。

我沒有資格評論西方的新左派理論對於西方社會的價值，但我想指出，某些西方學者對中國是不負責任的。他們只想把自己的理論和學說擴張到中國，全然不考慮中國和西方社會條件的區別。他們當然可以一邊享受西方社會的物質生活和言論自由，一邊批判這些東西，因為西方的制度顯然並不是盡善盡美的；但他們看不到，目前的中國尚且需要爭取這樣的物質條件與言論自由。也許，當中國人享受了一段時間這些東西後，也會開始批判，但這些西方學者現在就慫恿中國人拒斥他們和他

們的學子正在享受的條件，這顯然是不合理的。

社會民主主義

在中國大陸的思想文化競技場上，與自由主義同台競技並形成強有力競爭的，除了新左派思潮外，還有社會民主主義思潮。事實上，從上世紀末開始，就一直有人倡導要在中國大陸搞社會民主主義，其中鼓吹最力的要數曹思源。

曹思源是我在社科院研究生院的同屆同學，中國制定《破產法》的強有力推動者。除了在大陸各地大力宣講社會民主主義，他還把自己的宣講活動推向海外。2002 年他在歐美各國跑了一大圈，熱情地、孜孜不倦地向海外中國人和西方人講述在中國實行社會民主主義的好處與可能性；他在瑞典斯德哥爾摩作講演和交流就是由我接待的。

在著名的改革派雜誌《炎黃春秋》於 2007 年第 2 期發表前人民大學副校長謝韜的〈民主社會主義模式與中國前途〉一文後，對於社會民主主義的關注掀起了一個小高潮。這裡有一個細微的差別容易引起疑惑：謝韜先生沒有像人們習慣地那樣使用「社會民主主義」，而是用「民主社會主義」，在我看來，這背後的苦心是，讓「社會主義」成為主詞，以鬆懈中共當局的提防心理。

社會民主主義的提倡者認為，把這種主義提上當代中國的議事日程的時間已到，他們大致是基於以下理由：

• 中國長期信奉馬克思主義，轉到社會民主主義屬於漸變，變化幅度不大，易於接受，而轉到自由主義屬於劇變，變化幅度過大，不易於接受；

• 世界上許多國家，尤其是歐洲發達國家，長期由社會民主黨執政，這

可以看成是世界的發展趨勢，這種趨勢對中國的執政黨一定會產生影響，使其考慮接受和跟上這種大趨勢；

• 中共本身已經將具有「全民黨」和社會民主主義色彩的「三個代表」理論正式確立為全黨的指導方針，這預示了執政黨正式接受社會民主主義的可能性，另外，近幾年來中共大大加強了與世界各國社民黨的聯繫，也是令人鼓舞的跡象。

說實在的，如果社會民主主義能夠取得目前馬克思主義的地位，成為中國的執政原則，我將樂觀其成，那將是中國難於想像的進步。如果說自由主義因為陳義過高，一時難以就位，那麼社會民主主義將是相當不錯的替代方案。

但是，如果不談現實考慮，我們還需回答這樣一個理論性的問題：如果我們共同承認憲政民主是我們追求的目標，我們將以什麼主義，什麼政治原理、政治原則作為我們的指導方針？談到憲政追求的基本原理，自由主義和社會民主主義的差異就比現實追求和政策考慮層面上顯現的要大得多。

我認為，從學理、歷史經驗諸方面考慮，中國人應當選擇自由主義而不是社會民主主義。

憲政的基本原理與社會政策不同，它必須對政府權力的來源和界限，對個人自由和權利——諸如信仰自由、言論自由、結社自由、個人財產權，對憲法和法律在政治和社會生活中的地位和作用等最基本的問題，作出明確的、符合人類文明的闡述。

從歐美各國實現憲政民主的過程中可以看出，一般被稱之為自由主義的理論學說產生了極其重要的作用，其他後進各國的憲政民主過程在相當大的程度上是對自由主義憲政原理的認可和實踐。

從歷史綜觀，社會民主主義從來沒有獨立自主地發揮過作為憲政原

理的作用。它曾經質疑和批判過那些原理，對抗根據那些原理安排的社會、政治制度，只是在後來改變了認識、策略和方向，嘗到了在這種體制內達到目的、得到發展的甜頭後，才心甘情願地認同、服膺，以致捍衛和推廣自由憲政的原理和制度。即使它後來對憲政民主的完善和發展有所貢獻，那也只是在自由憲政基礎上的調適，而沒有發揮過奠基性、原創性作用。

中國的思想文化傳統——不論是古代還是近現代的傳統，都與近現代憲政民主傳統相距甚遠，如果我們承認這些原理的價值，想要參考借鑒由此作出的制度安排，那麼我們就應當從根本上研究了解，應當追本溯源，而不是僅只學習其具體表現和政策。我的立場可以簡單而清楚的如此表述——對於憲政民主的基本原理來說，社會民主主義是流而不是源，是器而不是道，是枝葉而不是根。

社會民主主義是在自由民主的憲政平臺已經搭建好了之後登臺活動的，離開這個平臺，沒有這個平臺作為生存的前提，它無法存在，更不能發展。其實，它在開始時是想推倒這個平臺，另起爐灶，所以在其思想理論資源中，沒有什麼東西是為這個平臺作論證和辯護的。它是在實際活動中修改自己的綱領而承認這個平臺的合法性，最終將它當成自己得心應手活動的天地，我們從它那裡根本找不到設計和維護這個平臺的基本原理。

當代德國社會民主黨理論家托馬斯・邁爾（Thomas Meyer）在其教科書式的《社會民主主義導論》中承認，從歷史綜觀，現代社會民主主義是自由主義的自由運動之繼承者，它的綱領建立在自由主義運動之上，並保持了這一運動的真正成就。他在這本書中還談到，第二次世界大戰後的德國社會民主黨主席庫爾特・舒馬赫（Kurt Schumacher）表示：「比以往任何時候更加明確地指出了社會主義的要求與啟蒙運動和自由主義的原則之間的關聯。」

當代社會民主黨的領袖也承認自由主義對於社會民主主義的前提性

作用，比如曾連任四屆奧地利政府總理的社會黨領袖布魯諾‧克賴斯基（Bruno Kreisky）說：「在那些已實現政治民主的國家，政治民主的先決條件無疑是自由主義創造的。」

憲政的最重要安排之一，是制約政府的權力，是奉行三權分立原則。

在不少憲政學家看來，「憲政」的含義就是對政府權力的制約。比如一位作者說：「簡單地說，我用『憲政』來指國家的強制性權力受到約束這種觀念。」還有學者說；「在傳統上，西方憲政思想的突出主題是要設計一些政治制度來限制政治權力的行使。」「在過去的200年中，有限政府一直是憲政主義者們最基本的要求。」即使不能說，憲政的唯一含義就是限制政府的權力，但它一定是憲政的最主要含義。

自由主義對憲政思想最早、最重要的貢獻之一，就是提出了分權思想。古典自由主義追求的首要目標是免除暴政，洛克在《政府論（下篇）》中明確提出，為了保護個人權利，應當限制政府的權力；為此，應當劃分政治權力，使立法權和執行權得以分立。孟德斯鳩則明確提出了三權分立原則，他認為，立法、行政、司法權如果不分別由不同的機關和人來掌握，公民的自由就完了。

分權思想是實行憲政的核心，對中國人來說，要理解這種憲政觀的精髓，並非易事。近現代文明早已確立了這樣的理念：政權的合法性必須建立在人民同意的基礎上，憲法的首要目的是保護公民的自由，防止政府對公民權利的侵害。

然而中國的政治傳統是「馬上得天下」，制定憲法和法律是為了治理人民，以便在整治和懲罰時能拿出條文依據。中國政治家對分權思想最易感到隔閡敵視，他們反對的藉口是，分權會造成施政時掣肘，沒有效率，他們最喜歡的情況是——最高領導隨意拍板，下級雷厲風行。他們沒有從文化大革命中吸取這樣的教訓：不受制約的權力會導致整個國

家的災難。中國的領導人即使在口頭上講政治體制改革時，也從不會忘記強調「絕不搞西方三權分立那一套」。

關鍵在法治

解決權力高度集中的問題只能靠法治，而不能寄希望於德治，這涉及到中國和西方對人性理解的深刻差別。

洛克在論述分權的必要性時說：「人性有一弱點，就是易受權力的誘惑，如果同一批人同時有立法和執法權，他們動輒就會攫取權力。」

孟德斯鳩也說：「一切有權力的人都容易濫用權力，這是萬古不變的一條經驗。有權力的人們使用權力一直到遇有界限的地方才休止……從事物的性質來說，要防止濫用權力，就必須以權力約束權力。」

麥迪遜說得更生動：「用分權和制衡的方法來控制政府的弊病，可能是對人性的一種恥辱。但是政府本身若不是對人性的最大恥辱，又是什麼呢？如果人都是天使，就不需要任何政府了。如果是天使統治人，就不需要對政府有任何外來的或內在的控制了。」

這種在政治層面上對人性中陰暗面的洞察和警惕，在中國思想文化傳統中是沒有的。我們只看到「人皆可為堯舜」的光明面，寄希望於「三百年必有王者興」，即使荀子提出了「性惡」論，那也只是支流，況且他的「性惡」論只導向人性的改造，人人通過改造皆可成為聖人。

權力的分立和制衡的思想，是中國人需要花大力氣才能領悟的。這份思想資源只能從自由主義那裡得到，而不能從社會民主主義那裡得到。連戈巴契夫（這位前蘇共領導人後來把自己的立場定位為社會民主主義）也說，權力分立這一思想的公認創始人是孟德斯鳩。

關於自由主義和社會民主主義的深層內涵的差異，我寫了〈自由主

義還是社會民主主義──未來中國憲政原理〉和〈從憲政民主角度看民主社會主義〉等文章,算是我對當代中國自由主義言說的獨特貢獻。出乎我的期望的是,我的文章居然在大陸的正式刊物上發表了,真不知是運氣還是僥倖。

我特別關心體制內改革派老人對我文章的反應,我擔心他們會不高興,因為我對社會民主主義的批評相當直率,我怕他們無法一大步跨到自由主義,看不到社會民主主義的毛病。但是,結果又是大大出乎我的預期。有一天,我去拜訪馮蘭瑞老人家,遇到了朱厚澤、李洪林等幾位老同志,當我問起他們對我文章的看法時,他們居然表示完全贊同。他們相當肯定且堅決地說:「在中國要爭取憲政民主,只能用自由主義那一套,不能用社會民主主義那一套!」他們的態度使我感動,使我信心倍增,他們是多麼可敬可親的老人!

第八章

我的文化大革命研究

集二者於一身

經常發生這樣的情況：人們在介紹我的專業身份時產生困惑，是哲學研究者，還是文化大革命研究者？這兩個差別大得如同天南地北的研究方向，怎麼會結合在一個人身上？是的，這兩種迥然有別的研究都是我的愛好和專業。我喜好哲學是出於天性，我研究文革是有因為我的經歷，我把它視為我的歷史責任。

如果不那麼嚴格，或是誇張一點說，我的文革研究的起始點可以追溯到早至 1967 年夏季。

那時我是四川省成都市一個中學學生組織的首領。文革搞到這個時候，已經使一些積極分子產生了疑問和厭倦情緒，其中一些愛好學習，愛對事情追問一個「為什麼」的人紛紛組織學習小組，研究政治理論，研究文化大革命，以求對於中國的前途和未來有一種更好的把握。

我約了幾個志同道合的朋友，定期地、正規地討論文革的形勢，當時已經出現的關於文革的非官方理論，相互交換自己得到的文革材料。雖然是自發組織的討論，但大家都十分認真，定時定期聚會，我後來在文章中憶及此事時，把我們的小組織稱為「不掛牌的文革研究小組」。小組的其他成員有中學的學生組織的首領，我們這一大派「紅衛兵成都部隊」總部工作人員和總部機關報《紅衛兵報》的編輯，大家都有關懷時局發展的熱情和理論興趣，各自也有不少資訊資源，所以討論的內容頗為豐富，每個人都感到思想上收益很大。

當時對我們影響最大的非官方文革理論，出自北京清華大學 414 派學生理論家周泉纓的「414 思潮必勝」，他在文章中分析了文革中全國各地派別組織出現的規律性，從組織成分、指導思想、與黨組織和軍隊

的關係、如何評價文革前 17 年的成就等各方面,詳細剖析了兩大派組織的異同,思想之犀利敏銳,觀點之新穎獨到,讓我們佩服得五體投地。周泉纓理論的核心思想是「派性的規律性」,他的理論對我以後的文革研究發揮了巨大的影響,這可以從我的文革專著《形形色色的造反》中花了大量篇幅對全國各地群眾組織的派性作出細緻分析中看得出來。

後來因為時局的變化和上山下鄉運動的興起,我們這個「不掛牌的文革研究小組」也不復存在,但是我的文革研究的心願卻從來沒有泯滅,終於在四分之一個世紀之後重續舊話題,正式開始了我對文革的研究,直至開花結果。第一次嘗試雖然沒有產生有形的成果,但讓我養成了一個好習慣,即注意收集有關文革的資料。若干年來,我收集了不少資料,雖然在訪問了哈佛燕京圖書館和香港中文大學的大學服務中心之後,我發現自己的收藏只能算是滄海之一粟,但它們是我的核心資料,彌足珍貴。

斜槓？文革研究

我的文革研究正式啟動於 1993 年,發生地點不是在中國大陸,而是在英國,觸發原因看起來好像是我一時感情用事,突然心血來潮,但實際上如前面所述,其來有自。

1992 至 1993 年,我在英國布裡斯托大學作訪問研究,課題是純粹哲學方面的,但哲學研究進行到一半時,一件事情使我把心思完全轉到了對文化大革命的研究。

看哲學書很容易使人疲倦,我偶爾翻一翻其他門類的書,以作調劑和休息。圖書館有幾個書架的書歸類為「中國政治」,我經常光顧那裡。有一天我在那讀到一句話:「**敦煌在中國,敦煌學在西方;文革在中國,文革學在中國之外。**」這深深地刺痛了我,也大大地冒犯了我。文革發

生在中國，文革這場浩劫的後果是由中國人承擔的，文革研究的話語由中國學界主導，對我這個中國學者而言是理所當然的事，怎麼文革學不在中國卻在國外？

不過，我的經驗和理智告訴我：且慢發火，看看此話是狂妄無知的濫調，還是有幾分道理。我全力以赴閱讀西方學者研究中國文化大革命的論著，很快我便發現，那句令人不快的話說得不錯，基本上反映了當時對於文革研究的現狀。由於文革研究在中國大陸一直是禁區，中國人的成就接近於零（唯一值得一提的是高皋、嚴家祺合著的《「文革」十年史》和王年一的《大動亂的年代》，兩書都是對於文革歷程的簡單、初步的描述而非研究著作）。

然而，西方學者從 1966 年秋季開始，就對文革作了全方位的追蹤與系統性的研究，由於他們在社會學、政治學、歷史學、心理學等方面掌握理論框架的優勢，西方學者眼界開闊、思路新穎。兩相對照，說文革學在西方，一點也不過分。

當然，西方的研究中也有不少是隔靴搔癢、張冠李戴之作，但是，糟粕在他們那裡，精華則更是在他們那裡。對於西方學者關於文革的論著，我越讀越頭腦清醒，越讀越服氣，我明白，我應該做的，不是抱怨西方目中無人，而是改變我們可悲的現狀。

長久埋藏在內心研究文革的熱情重新煥發，我很快作出決定，馬上調整研究方向，暫停研究哲學，全心身投入文革研究，直到做出一定的成績之後再說。

我放下哲學書，貪婪地閱讀西方學術界關於文革的論著。為什麼第一步是大量閱讀國際文獻？這是做學問的正常路子，我必須知道文革學是如何產生和發展的，有哪些重要的理論和流派，發生過什麼樣的爭論，研究的潮流和方向是否發生過大的轉折。在我的計劃中，我關於文革的第一篇論文應該是類似於文獻的綜述，讓自己清楚地掌握迄今為止

文革學的全貌和成就，也讓中國大陸學界和讀者了解這方面的情況。

　　為什麼捨得放下剛做了一半的哲學研究？是為了抓住機會。在哲學方面，英國能查閱到的文獻，我在中國大體上也能查到，甚至就在哲學所也能得到滿足，但有關政治學、社會學，尤其是有關文革的素材，我在國內費盡九牛二虎之力也找不到多少。在當時，相較於國內，英國的圖書館條件可說是相當優越，我享受大學教師的待遇，可以在電腦上敲出我需要的書籍雜誌訊息，布里斯托大學便透過英國圖書館連線系統，在幾天之內把書調借到我的案頭。這麼好的條件，不充分利用多可惜！我從 1965 年西方學者對中國大陸政治、社會的分析看起，《中國季刊》、《共產主義問題》、《亞洲概覽》等雜誌則是逐份閱讀。

　　我的第一篇關於文革的論文發表於 1994 年，題目是「西方學者對中國文革的研究」，第二篇論文發表於 1995 年，題目是「評《劍橋中國史》第 15 卷關於文革的描述和觀點」。我認為，它們代表了我把文革當成一門學問來研究的努力和風格，也為中國文革學的發展開啟了一種方向。

　　隨著我對西方學者研究文革的成果和缺失深入了解，我自己的文革研究方案也逐漸成型，這是一個自找苦吃，似乎難於完成的方案。首先，我決定我的研究應該包括對於全國各地區、各派別，不同家庭出身和年齡段人群的訪談，以獲得全面的、第一手的、新鮮的訊息，從個人的親身經歷中抽取關於各地文革的真實情況。這個任務對我來說相當困難。

奔走全國訪談

　　一直以來我從事哲學研究，長於從觀念到觀念進行抽象分析，現在要改變習慣，實非易事。中國人喜歡坐而論道，有人研究文革，從孔夫子談起，把三千年傳統思想文化一網打盡；有人從宗教心理學出發，憑

一兩個概念演繹出煌煌巨著，我對此等高論很不以為然。我以為，文革是歷史事件，是經驗事實，以思想文化作為出發點演繹出的結論，與真實的文革無關。

其次，不論是訪談親歷者，還是閱讀文革素材，其範圍必須是全國性的，涉及凡是文革波及到的地方，哪怕是遙遠的新疆、西藏和香港。根據我已有的知識，文革進行的歷程，常常因為地域的不同而出現很大的差異，若把一些地方的情況當成普遍情況進行理論概括，就要犯以偏概全的錯誤。

比如，一位西方的研究者根據浙江省文革的情況得出結論，認為群眾組織派別鬥爭源自於對本省第一號人物的支持或反對，但這是一個錯誤的概括，浙江省的情況在全國幾乎是絕無僅有的。

另外，一批西方的研究者作了大量的訪談，因為條件受限，他們找尋到的受訪對象清一色的是廣東的造反派，他們在運動後期受到清算，為逃避迫害而偷渡到香港。根據這些親歷者的口述，文革中的造反派個個都是反共、反現存體制的鬥士。這樣的看法當然不正確，但可以得到幾乎每一個樣本的支持。問題在於，他們的樣本全都屬於經歷特殊的同一類型的人群，這樣的人實際上只是極少數。我認為，要得到正確的結論，必須研究不同地區、不同年齡段、不同家庭背景、曾經屬於不同派別的人。

要實現上述設想實際上是不可能的，那需要一個龐大的團隊、巨量的經費。但要坐等條件成熟，等上一百年也不行。我的想法是：目標和要求不妨定得高遠一些，實行起來就是盡力而為了。事實上，我的訪談對象幾乎覆蓋了全中國，其中大約有一半訪談是我親自奔走全國各地進行，剩下的採訪在北京等地進行，而對像是曾經在某省有過文革經歷的人。

最突出的一個例子是，當我的妻子出差去西藏時，我委託她替我進

行採訪。事實上，她幹得比我親自去一趟還好得多。這不僅因為她是流行病學家，採訪比我有經驗，而且因為工作和人脈關係，她聯繫到了非常合適的採訪對象，那人文革期間是西藏地區一個群眾組織的首領，接受採訪時是西藏社會科學院的科研人員。

經常出現這樣的情況：我的採訪之行最後變成了動情的交友之旅。原來，經人介紹的那些訪談對象在文革期間是活躍份子，甚至是當地的文革風雲人物，他們對講述自己的故事沒有多少顧慮，很願意和我探討文革的種種問題，聽說我為研究文革專程登門拜訪，他們很是歡迎和支援，主動向我提供素材，並介紹其他有價值的訪談對象。就這樣，邊訪談邊交友，像是連鎖反應一般，朋友介紹朋友，訪談的對象也越來越多，事情進行得越來越順利。

記得那是在 1993 年秋季，我南下武漢和上海做專程採訪。當時我住在武漢哲學界朋友魯萌家，整整一周的時間，由她全程陪同，拜會訪談她介紹的湖北地區文革活躍分子。我先採訪她本人和她先生，他們兩人在文革期間是湖北武漢的活躍分子、民間思想者和理論探討者，她先生曾因為寫出轟動一時的大字報談湖北文革情勢而被抓捕關押。

接著，訪談魯萌的同事和朋友張志揚與陳家琪。張志揚文革期間是湖北地區著名組織「北、決、揚」（即「北鬥星學社、決心把無產階級文化大革命進行到底革命派、揚子江評論」的簡稱）的主要理論家，曾因撰寫「反動大字報」的罪名被監禁 8 年。陳家琪文革期間在陝西西安，他不但有豐富的文革經歷，還送給我一份陝西某地半官方性質的《文革大事記》，這是一份內部材料，記載生動而詳實，對了解研究文革很有價值。

武漢之行一頭一尾兩件事使我至今難忘。

我是半夜抵達武漢的，剛在魯萌家休息了兩三個小時，就被她叫起來出去見一個人。原來，這位訪談對像是魯禮安，湖北地區文革期間大

名鼎鼎的人物（他後來發表了文革回憶錄《仰天長嘯》），他當天中午要搭飛機到外地出差，在上午擠出去機場前的兩個小時與我交談。我與他的見面安排在一家早餐餐廳，他穿戴整齊，一副外出打扮，旅行箱就放在身旁。我抵達時他剛用完早餐，我們二話不說，直接進入主題。兩小時之後打住談話，他提起行李箱，揮手告別，直奔機場。

我在武漢採訪的最後一人是湖北地區文革的領袖人物馮天艾，談話在他家中進行，他找了一個文革期間的戰友作陪。剛開始時馮的談吐有點閃爍，聽得出來他對我有所保留，這很好理解，因為文革結束後馮被判刑多年，刑滿出獄後工作無處、生活無著。他顯然擔心禍從口出，再吃苦頭。不過，隨著交談的深入，他漸漸發現我對他們這種人是同情和理解的，說話就越來越隨意，表達越來越有鋒芒。時間在不知不覺中逝去，預定結束的時間到了，但雙方都有欲罷不能的感覺，最後，馮提議我留在他家吃晚飯，然後接著談，我很愉快、很感激地接受了他的邀請。當天我們很晚才分手，告別前已成了無話不談的朋友。

在上海的訪談狀況和武漢相似，全程由朱學勤陪同，他放下自己的工作，用整整一周的時間為我聯繫、安排，並參與全部交談。他在上海的人脈關係相當豐富，為我安排的全是有經歷、有個性的前紅衛兵和造反派活躍分子，比如著名的「中串會（中學生串聯會）」成員和著名大字報「一切為了九大」的作者之一。

採訪對象中，談話時間最長、給我留下印象最深的是孫恒志，他出身於中共高級幹部家庭，從小立下志向，要接父母的班。他嫌學校的功課不適合他的遠大志向和現有水準，申請在家自學，研讀高深的馬克思主義理論，而學校居然為他破例，同意了他的請求。文革中他是保守派紅衛兵組織的首領，該派別政治上失敗之後，他積極與北京的彭小蒙等聯繫，努力自學歷史和政治理論，思考中國的命運、世界共產主義運動的前途等大事。

文革結束後，他這樣經受住了運動考驗的「革命苗子」在體制內受

到重用和快速提升，官職已達上海市委研究室主任。然而六四事件發生時，他堅決地反對鎮壓，被官方撤銷職務；我見到他時，他正賦閒在家。與他交流時，我感覺他心境平和，是個見過世面，經歷過大波折而寵辱不驚之人，我由衷地敬佩他。

我的文革研究的重點工作之一，是對文革中學生組織和其他群眾組織中的首領和積極分子作面對面訪談，我在北京、武漢、上海以及湖北、陝西、山東等省市進行這項工作，自始至終都非常順利。替我牽線搭橋的朋友十分熱情和慷慨，幾乎每個採訪對象都能敞開心扉，對我有問必答。我想，這不僅是出於對我的友情，更重要的是出於一種歷史責任感──我們不能讓十年文革浩劫成為現代中國歷史中的一段空白，我們要讓我們這代人以及我們的子孫後代永遠銘記那慘痛的教訓，我對採訪中各位朋友表現的熱心與無私一直感激在心。

文資考證

查閱文革資料的工作則進行得異常順利，不過，這多半是靠我的運氣。與我親自到各省去做訪談不同，查詢資料不可能在各個地區逐一進行，因為地方上的省市圖書館或省市檔案館基本上沒有完整的文革資料，我必須在北京挖到一個「富礦」，在那裡作專一開採。

據我所知，在北京，有 3 個單位的文革資料收藏相當豐富。第一是國家圖書館（前身叫北京圖書館），但據說那裡的材料從不對外開放，唯一的例外是對持有以下 3 個最高級機關介紹信的官方人士：公安部、中共中央組織部、中共中央辦公廳，原因是他們要審查預備進入國家機關的工作人員，看他們是否曾積極參與過文革運動。我做了一番了解之後，完全放棄了國家圖書館這個目標。

第二個地方是社科院近代史所圖書館，聽說那裡收集有大量的文

革資料尚待整理，我想，我是社科院的人，「自己人」去看點材料，或許可以享受一些優待？我找熟人向近代史所提出請求，被毫不客氣地拒絕，我又提出，願意義務替他們整理文革材料，也被拒絕。

好在天無絕人之路，第三個地方是北京大學，畢竟是北大，他們的圖書館不但有非常豐富的文革資料，而且還對外開放，當然，管理相當嚴格，對我仍然是個難題。首先，查閱者必須持有本人單位介紹信，且要特別註明是查閱文革資料，這一步對我就是難題，我別想社科院會介紹我去北大查閱文革材料。好在我與南方某個大學的社會科學研究中心有協作關係，那裡管理較為鬆散，我便請他們開了介紹信。

第二個難題是北大對於文革資料的查閱仍然是嚴格把關，不但要求專用介紹信，而且還需要學校黨委宣傳部作進一步審查，通過後方可放行。我想，我的工作單位和介紹信的開出單位並不一致，黨委宣傳部一審查準保露餡。情急之下，我只好找我的北大朋友王煒幫忙。王煒是我的哲學同行，北大外國哲學研究所科研人員，很有行政能力，長於處理人際關係，當時他在北大南門開辦了一家書店，取名為《風入松》，主營學術書刊，順帶舉辦學術推廣活動，一時之間「教授開書店」在全國名聲鵲起。王煒果然神通廣大，他帶我到北大校黨委宣傳部辦公室，幾分鐘就把事情搞定了。

我家位於北京東南，北大在西北，距離太遠，不可能每天來回奔跑，我必須在北大或者北大附近找地方住下。王煒知道這個情況之後，又替我在北大校內找到一間寢室，很乾淨，也很安靜。我在北大查閱文革資料，一住就是兩個月，期間得到王煒不間斷的照拂，連在學生食堂就餐，買飯票都要靠他幫忙。

王煒對我的幫助，我實在是永誌難忘。我在我的文革專著《形形色色的造反》的後記中專門對他表達了感激之情：「經好友 W 君的安排，我得以在某資料中心用兩個月的時間閱讀全國各省的紅衛兵小報，形成對文革期間全國形勢的全面而系統的了解。」之所以不提他的姓名，是

怕他承擔風險。王煒不幸於 2005 年因病英年早逝，現在我終於可以公開表示對他的謝意了。

北大收藏文革資料的地方與圖書館主樓不在一處，既沒有名稱，也沒有門牌號碼，位置很不起眼。不過裡面的材料確實相當豐富，尤其對我胃口的是，這裡收藏了大量的來自全國各地的紅衛兵小報，而且是按省份和派別、地區、單位裝訂成冊的，這剛好與我的閱讀研究目的契合。我查閱資料需要付費，而且是按份數計件付費，每索取一次即做記錄，每日閉館時結清。我對於收費毫不反感，我知道，收費意味著較好的服務和配合，果然，在那兩個來月，一切都很順利，以至於到了後半程，我可以自行去收藏室翻閱我需要的材料，而在剛開始時，我只能憑藉目錄卡片猜測小報合訂本的內容決定是否索取，但有時得到的東西卻沒有預期的內容，這樣，既浪費了錢，也浪費了時間。我在那的兩個月期間，除了一個上午另外有人前來查閱，其餘時間完全是我一個人在那裡。

不論是作訪談還是閱讀資料，我深切地感到我的文革經歷對我的文革研究幫助實在太大了。共同的經歷使我與訪談對象經常產生共鳴，說話投機之後人們樂於敞開心扉，記憶奔流毫無阻擋地湧現。換一個位置說，我常常作為採訪對象被媒體或年輕的研究者提問，遇到沒有經驗、沒有理解力或者沒有足夠準備的提問者，不說時常感到光火，至少連傾吐的慾望都會失去大半。

以我的體會，人們是珍視自己的經歷的，除非是話癆，遇到沒有理解力的對話者總讓人難以提起精神。閱讀資料則要求另一種類型的文革經歷，閱讀者經常面對的是強詞奪理和慷慨悲歌的派性宣傳，是「打著紅旗反紅旗」的攻擊和自辯，情勢往往顯得撲朔迷離、真假難辨，還好文革的經歷使我這樣的研究者熟悉文革中流行的話語套路，一眼看穿話語喧囂所企圖掩蓋的真相。

不論是全國性的訪談還是付費閱讀資料，都有一定的經濟負擔。又是運氣，我在 1995 年成功申請到了由鄧正來主持的「中國社會科學季

刊研究基金」的資助，雖然數額不大，但對於我的研究工作的順利進行，還是大有裨益。我的申請立項過程相當順利，這要歸因於鄧正來先生在學術上的高瞻遠矚和對於文革研究的高度重視。

論文成果發表

我的研究基金項目完成於 1996 年，其成果以題為《文化大革命中紅衛兵行為動因的調查和分析》的論文在《中國社會科學季刊》上發表。這是我的學術專著《形形色色的造反——紅衛兵精神素質的形成及演變》的預演版。這部專著於 1999 年由香港中文大學出版社出版。

我認為，在我的所有學術著作中，這部專著是我付出心血最多，最具有獨創性和新穎性的著作，加上發表於其他學術期刊上的論文，我把我在文革研究方面具有獨創性和新穎性的貢獻概括為以下 6 個方面。

第一、我把自己的研究視為國際學術界關於中國文革研究的一個組成部分，它要在其中起到承先啟後的作用。這首先需要對國際學術界的研究成果和不足之處有全面且詳盡的了解，繼承其長處，然後指出並克服其不足之處，在自己的研究中加以改進。我在研究中特別注意力戒不管不顧、自說自話，而是對既成之說作出評介，對其錯謬之處加以駁詰，然後再自行立論。這樣，可以使讀者了解問題的來龍去脈，各家成說的優劣短長，有利於他們對新說作出恰當判斷。

第二、在描述和分析文革期間群眾組織的派性形成和派性鬥爭時，我一方面繼承了李鴻永（Lee Hong Yung）、陳佩華（Anita Chan）等學者先行研究的成果——基本劃分為保守派和造反派，原因在經濟社會方面，然後指出，他們沒有論及的造反派之內的溫和派與激進派之間的劃分和鬥爭同等重要，甚至更為重要，因為這兩派分化的社會政治經濟原因更加複雜、更值得研究，它們對於本派別立場訴求的表達更加清晰強

烈，而且這種派別鬥爭涉及的組織更多，延續的時間更長。

第三、李鴻永、陳佩華等用一種社會性矛盾——由於本人的階級身份和家庭背景而產生的政治待遇的差異——來解釋為什麼有人參加保守派，有人參加造反派，但這解釋不了以下事實：文革運動初期只有紅色階級背景的人可允許參加組織時，紅色背景的人還是有人保守，有人造反。我補充了另一種解釋，即用政治性矛盾——黨政官員的官僚主義與一般群眾被迫聽命的受壓制地位，運動一來黨組織就把人們劃分為左派、中間派、右派的慣用手法——來解釋人們參加不同派別組織的原因，這既填補了理論上的缺失，又符合中國的現實。

第四、首次披露了文革進程的高潮中，在毛澤東號召全國性奪權的1967年初發生了一個令文革形勢完全逆轉的「二月鎮反」，這個「鎮壓反革命運動」針對的是毛派，即造反派，從二月開始，直到四月才結束（有的地方結束得更晚），波及範圍是全國（除北京、上海、黑龍江、山東、貴州、山西）20多個省份，抓捕人數高達幾十萬，取締群眾組織多達幾千個。

奇怪的是，對於這麼重大的一個事件，中外文獻中居然從未有人提及。我對「二月鎮反」事件作出了全國性的概述，又以四川省為例，作了詳細描述，並嘗試對於事件的前因後果進行初步分析。若沒有這項工作，我們的文革史會有重大缺漏。

第五、我正式提出，積極投入文革運動的紅衛兵和青年學生，作為整整一代人，對文革有一個從積極投入到懷疑、甚至否定的過程，從狂熱到幻滅再到覺醒的轉變。人人的心境變化與反抗發生的具體時間和原因雖各不相同，但大致上的共同之處是以下三個環節。

• 年輕、天真的學生被文革中政治的骯髒與殘忍所驚駭，漸生厭倦和反感之情；

• 林彪事件是個天大的政治笑話，對文革、對「偉大領袖」是無情的嘲

弄，促使許多人從文革的迷夢中驚醒；

- 千百萬中學生被迫上山下鄉，難於面對中國農村的貧窮和落後，這破除了他們被從小灌輸的「社會主義制度優越性」的信念。

　　第六、我正式將文革對於一代參與者，尤其是對於大中學學生思想上、精神上、道德上的長遠影響作為一個課題來研究。我提出，作為文革的正面後果是，它使一代人大大增強了獨立意識，再不像以前那樣崇拜領袖、迷信上級、服從教導，而是能夠自己動腦筋想問題並堅持自己的見解。而文革的負面影響是——它使許多人的道德感下降，甚至喪失，文革使人學會使用詭計和操弄權術，把人變得為了目的而不擇手段。

　　文革之後的一個嚴重課題是中華民族的道德重建與道德復興。此外，我認為，是文革中的經歷鍛煉促進了文革之後中國的民主運動，因為文革長期、反覆的鬥爭增加了人們的勇氣，增強了他們的意志和鬥爭經驗。

　　發表了《形形色色的造反》之後，我並未停止研究文革的步伐，仍常發表論著或評論，有的年份甚至頗為高產。比如，2013 年發表〈重慶模式和文革陰魂〉等文章 10 餘篇，2016 年發表〈The Cultural Revolution, Fifty Years Later〉等文章 6 篇。

　　此外，我還於 2012 年在日本北海道大學為公共政策大學院的研究生開設了為期一個學期的文革研討班，2016 年在美國紐約新學院的印度中國研究所作了一個學期的有關文革的系列講座。該所為紀念文革發動 50 周年，組織了一場對社會開放的主題講演，他們專門請來哥倫比亞大學著名的政治學教授黎安友（Andrew James Nathan）來主持，由我主講「什麼是文化大革命」。

　　那次講演會到場聽眾為數眾多，其中有許多紐約的左派人士顯然是有備而來，在問答討論的環節，他們一個接一個霸佔了發言，連接提問

想刁難我。我一下子來了精神，拿出當年文革辯論的勁頭，作出犀利的回答。比如，一個左派人士這麼問：「徐教授，我們都知道文革很好，為什麼你要說文革不好？」我的回應是：「你認為文革很好，是因為你當時遠離中國，對文革的判斷是基於中共官方的報刊、廣播等宣傳，我說文革不好，是根據我個人的親身經驗。你說哪一種證據更為可靠呢？」由於他們人多勢眾，別的聽眾很難插上嘴，黎安友教授不得不大叫「No left，no left ！」以阻止他們。

有一次，我的文革研究在一種異常特殊的場合得到讚揚。那是2014 年 5 月下旬的某一天上午，我被拘押在北京市第一看守所時被提審之後，審問的員警和助手暫時離開審訊室，這時有一個年輕的員警溜了進來，十分沈靜且平穩地對我說：「徐老師，我知道你，我看過你寫的文革和紅衛兵的書，那真是有關文革里程碑式的著作！請你好好保重。」說完這話，他沈穩地轉身離開審訊室。我驚訝得來不及回答，我對「里程碑式的」這個讚譽是不敢當的，但他的話使我深受感動和鼓舞。

第九章

在瑞典與帕爾梅結緣

客座瑞典就職

2001 年 11 月至 2002 年 11 月，我很榮幸接獲瑞典研究理事會的邀請，在該國擔任奧洛夫‧帕爾梅客座教授，在這個和平、熱情、好客的國度度過了難忘的一年。

於 1969 ～ 1976 年和 1982 ～ 1986 年兩度出任瑞典首相的奧洛夫‧帕爾梅（Olof Palme），在國際上向來以熱心為和平呼籲奔走而著稱於世。像這樣一位國際知名的政治家，並非因當上國家領袖而聞名，而是該國因其大名鼎鼎的領導人而著稱。然而，帕爾梅首相卻在 1968 年 2 月 28 日遭人殺害！因為他一貫的平民作風，晚上與妻子一同外出看電影時，既未乘車，也未帶安保人員。

帕爾梅首相去世後，為了紀念這位偉大的政治家，瑞典議會通過了一項決議：設立奧洛夫‧帕爾梅客座教授席位，聘請世界上傑出的、與廣義的和平相關的政治學學者到瑞典講學交流，並從事社會科學或人文學科的研究。

這個位置相當顯赫，當時的帕爾梅教授年薪為 100 萬克朗（2022 年上漲到 170 萬克朗），雖然具體的行政安置事務由某一個大學負責，但該教授並不隸屬於這個大學。我的安置單位是斯德哥爾摩大學，我也在該大學擔負一點教學任務，一般不知情的人總說我是斯德哥爾摩大學的教授，而知情人士則會鄭重其事地說：「不，徐教授是奧洛夫‧帕爾梅教授」，意即並非某一個大學邀請，而是由國家邀請的教授。

這不是我第一次造訪瑞典，之前也曾經來參加過學術會議。以前來這裡的時間雖然短暫，但瑞典的富裕、安寧，瑞典人時時表現出來的平等與熱心卻給我留下了深刻的印象。我曾經發願：「如果能在這裡待上

一段時間多好！」果然，天遂人願，我自當倍加珍惜。

擔任帕爾梅教授要做的第一件事情就是——要發表一場就職演說，這是一場重頭戲，聽眾不限於斯德哥爾摩，而是來自於瑞典全國各地，瑞典方面把此事看得很重，光是決定講演地點就花了不少時間，反覆斟酌，最後決定在瑞典皇家科學院講演廳舉行我和另一位客座教授的就職歡迎會。

另一位受邀的學者是林妮·布赫特（Lene Buchert），挪威人，她的職銜是海賽爾倫客座教授。此教席設置於 1987 年，是為了紀念瑞典第一位當選為議員的女性政治家凱絲汀·海賽爾倫（Kerstin Hesselgren，1872–1962），瑞典每年在世界各國邀請一位女性學者擔任此職。

據介紹，布赫特女士曾是聯合國教科文組織的高級官員，大學本科的專業是英語，所以英語講得非常流利，主要專長在教育方面，曾在歐洲、亞洲、非洲等 20 多個國家工作過，協助當地推廣教育，尤其著重於弱勢族群的基礎教育。她的講演題目是「Education for All」，譯成中文，我找到一個很恰當的詞彙來表達她的意思，那就是孔夫子所提倡的「有教無類」。

歡迎會首先由斯德哥爾摩大學校長古斯塔夫·林登克羅納（Gustaf Lindencrona）教授和瑞典研究理事會負責人本特·漢森（Bengt Hansson）教授致詞，然後由布赫特教授和我進行講演。每人講 45 分鐘，然後回答提問，講演會結束之後安排了一場盛大的招待會。

據會後反應，講演頗為成功。漢森教授在我講演之後表示，我的講演對瑞典學者思考本國的問題很有啟發意義。

談自由與平等

　　我在準備講演時，特別費了一番心思想讓瑞典的聽眾對這樣的內容感興趣，甚至期望聽者能或多或少地受到一點刺激。透過交談和閱讀，我發現瑞典人普遍有深厚的平等觀念，比如最近媒體披露某大公司總裁的年收入為 1 千 8 百萬克朗，舉國一片憤怒，每個人都把這筆巨額收入和工人的收入相比，和以辛苦著稱的護士工作相比，但沒人問他的貢獻有多大，他創造的財富和他的收入相比怎麼樣。

　　瑞典的政策和輿論有強烈的平等傾向，大多數人都把平等當成不言而喻的價值，但沒有人問為什麼平等應當成為首要價值，竟可以壓倒個人自由和經濟效率。少數能幹、貢獻比一般人大的人，常常抱怨稅收過重，但這也只限於私下談話，似乎多談就是在為個人利益辯護。

　　我經常對瑞典的朋友說，你們的政策幾乎完全受平等觀念的支配，但你們從來不為平等的價值作辯護。透過與瑞典一些學者和政治家的交談，我感到他們已經看到，當時瑞典的問題主要出在單向地、過分地強調平等，但是誰也不願意把話公開講出來，在瑞典，堅持平等已經成為一種雷打不動的政治正確。我想，好吧，你們不願說或者不敢說的話，由我這個外國人來說怎麼樣？這可是來自世界上曾經最講究平等的國家啊！

　　所以，我把我的講演題目定為「關於自由與平等的當代思考」，我在講演一開始就提出，人們習以為常地同時認可自由與平等的價值，卻無視它們之間的內在衝突。我特別提到，阿爾瓦・默達爾（Alva Myrdal，瑞典著名經濟學家、諾貝爾經濟學獎得主 Gunnar Myrdal 貢納爾・默達爾的妻子）在 1969 年向瑞典社會民主黨全國代表大會提出的報告中，認為自由和平等並不對立，而是互相補充，但我認為事情並非如此。

　　我提到了講演前一周剛逝世的美國政治哲學家羅伯特・諾齊克對平

等觀的強烈挑戰，並用他的話提問：「如果一個人的收入完全合理合法，政府有什麼權力和理由強徵其中的一部分用於再分配？」在仔細探討了當代幾種最重要的自由和平等的學說之後，我在講演中提出我自己覺得言之成理的平等的理由。我想，瑞典的聽眾（基本上都是學者）當會思考我所提出的問題。

我能感到，我在演說所闡述的觀點與流露出的態度，即使沒能引起聽眾的支持和共鳴，也一定引起了他們的深度關切。雖然我的看法體現了一種中國經驗，而中國與瑞典在制度、歷史、文化各方面都相距甚遠，但共通之處也非常明顯：我們都拋棄過按勞取酬的原則，而沈入吃大鍋飯的迷夢之中，我們都為那種所謂的平等吃過苦頭，現在正在爭議聲中告別獎懶罰勤的做法。

一位在圖書館工作的職工告訴我，她每天工作 6 小時，如果選擇工作 8 小時，工資會增加一些，但在扣除了稅收之後，收入和原來差不多，因此，她寧願工作時間少一些，工資低一點，也不願多掙錢，因為掙多了也幾乎全用來繳稅。

我向一位在大學當系主任的教授了解大學教師的收入情況，他告訴我，一般而言，教授每月掙 35000 ～ 40000 克朗，而講師為 23000 ～ 30000 克朗，但完稅之後則相差無幾。這都是因為累進稅制的緣故——收入越高，稅率也越高。他說，以前累進稅率可高達 90% 以上，因此會出現這種情況：某人掙的錢很多，如果他再多兼一份差事，收入 1000 克朗，這增加的 1000 克朗剛好使他的繳納稅額升高一個級別，他就必須為這 1000 克朗的收入多繳納 1200 克朗的稅——這當然很荒唐。不久前稅制有了改變，繳稅的比例逐漸降低，現在最高的稅額為收入的 55%，所以近 10 年來，人們收入的差距逐漸擴大了。

左派對此十分不滿，抨擊說此舉造成社會貧富懸殊越來越大，必須改變政策。

　　瑞典與中國情況雷同的另一個例子是：每個單位的職工經常聲稱生病需要休息，而缺勤和出勤並不影響工資收入，所以請病假的人很多。在瑞典，尤其是週一交病假條的特別多，原因是週末去旅遊了，感覺有些累，就請假休息，以至於人們為此發明了一個專有名詞，叫做「星期一病」。現在病假的第一天沒了薪資補助，因此請病假的人大大減少了。

　　瑞典朋友告訴我，近些年來，執政的社會民主黨開始執行加大差距的政策，吃大鍋飯的情況有所變化。當然，這也是形勢所迫，在上世紀90年代初期，經濟危機愈益嚴重，舊的人人平等、絕對平等的政策執行不下去了，大家都認為有必要改革。有趣的是，還得由一貫主張平等的社民黨來改變政策才行得通。如果反對黨執行這些政策，社民黨就會對之加以攻擊，說這是破壞了社會民主平等，所以，由左派執行右的政策比較方便。

藝文饗宴

　　瑞典是一個高度崇尚文學藝術的國度，我剛抵達斯德哥爾摩不久，一連串的、高規格的文學藝術節慶與活動就紛至遝來，使得我目不暇接，隨時都處於既好奇、又刺激的心情中。

　　剛到斯德哥爾摩的前兩個星期，我趕上了歷時一天半的詩歌節兼流亡文學研討會，活動由瑞典筆會、聯合國教科文組織和某雜誌主辦。

　　第一項活動是流亡文學研討會，我準時到會。開幕式後，第一個發言的是旅居瑞典的中國作家、詩人陳邁平，他首先對流亡文學和移民文學的定義作出區別。他認為，所謂的流亡文學一定還是用母語在寫作。這個定義對某些在場的作家顯然有刺激性，所以，接下來發言的一位作家摩西‧伊塞加瓦（出身於烏干達，居住在荷蘭，用英語寫作，名字是Moses Iseawa，其小說作品名稱是《阿比西尼亞編年史》）一開始就聲

明，若按陳的定義，他算不得是流亡作家。

　　會上有兩位土耳其作家的發言十分引人注目，一位在這裡生活了20多年，用瑞典語發言，由一位女士替他譯為英語，她的英語極好，尤其是在翻譯詩歌的時候。另一位似乎很有名氣，也很能幹，能寫劇本，還能作曲，他開始流亡生涯時，電視台邀請他去作曲，所以他的流亡生涯從一開始就很順利。

　　整個上午我聽了多位作家的發言，形成了一種這樣的概念：在一般人的印象中，流亡作家往往是窮困潦倒，過著苦巴巴的、朝不保夕的生活，但是事實上，其中有不少人早就過了語言的關卡，適應了當地環境，既有地位，又有名望，他們是流亡者中的成功人士。

　　旅居英國的詩人楊煉下午才趕到，會間休息時，他對我說他沒有學過英語，發言感到有困難。但實際上，他的發言十分成功，英語雖然不是十分流暢，但他把正規發言稿改寫成了口語，說起來就比較順口。別人提問，他往往能把握關鍵大意，自己的答覆不管是否完全針對問題，反正發揮得很好。後來聽說，他已經在江湖上行走了十多年，而且基本上每個月都要參加這樣的活動（楊就是剛從德國漢堡開過一個類似的會議後趕過來的），完全演練出了豐富的經驗。楊煉的發言，我預先讀過稿子，聽得也十分用心，但感覺完全像是在雲裡霧裡，全是現代哲學的概念，十分艱澀。

　　第二天上午，北島發言並回答問題，要比楊煉平實得多，同樣大受歡迎。看得出來，這兩位中國詩人特別受到東道主的青睞，他們的發言安排就有些特殊，造成哄雲托月的氣氛之後，他們的發言正好處於會議發言的高潮，隨便怎麼說都是精彩的表演。同時也看得出來，他們在這裡有許多朋友，他們當然高度重視與瑞典文學界和譯者的關係。

　　會上一位來自孟加拉國的女作家特別引起我的注意，聽說她因為寫的書觸犯了當地的政治、社會禁忌，被宗教法庭判死刑，瑞典方面的人

把她救了出來。但她到這裡後感到很沮喪、孤單，經濟壓力大，語言有問題，也不適應環境。德國筆會的代表介紹了德國在援助流亡作家方面的做法和工作。

詩歌節的主要內容是詩歌朗誦會，收費入場，共有 3 場，從下午 3 點到晚上 10 點半，過後還有餐宴。

我只參加了第一場，從 3 點到 5 點半，其間又分為 2 節。節目安排得很活潑，開始朗誦前有音樂或其他表演，不同詩人朗誦的間隔之間也有音樂或表演。第一個出場的是北島，他用中文朗誦了自己 10 餘首詩，讀得相當不錯。每讀一首就由一位瑞典女演員用瑞典語再朗誦一遍，這位演員長得非常美麗，高貴典雅，朗誦得極為出色。後來知道她是瑞典很有名的演員，經常扮演女王或公主之類的正面角色。不過北島抱怨說，她讀漏了他的一首詩，他自己還沒有念，她已經先朗誦了。

其他詩人的作品也用其他方式表現，如配以兩人表演、群組表演等等。除了北島用中文朗誦自己的詩歌，其餘的我都聽不懂，比如一位拉脫維亞女詩人用本民族語言朗誦自己的作品，另一人再用瑞典語朗誦一遍，兩種語言我都不懂，但韻律和節奏的美，還是能感覺得到。

楊煉的朗誦我沒有聽，看節目單是安排在第 3 場第一位。從安排出場的順序來判斷，看來中國詩人在這裡是很受欣賞的，尤其是北島。

能舉辦這樣的詩歌盛會，有這麼多人喜歡詩，花錢花時間來聽詩歌朗誦，說明這裡的人文化素養很高，生活安定幸福。

諾貝爾文學獎第一次頒獎典禮於 1901 年年初舉行，獲獎者是法國作家蘇利‧普魯東（Sully Prudhomme）。2001 年是諾貝爾文學獎開始頒獎 100 周年紀念，分外喜慶隆重，有一系列活動即將舉行。事實上，紀念活動從 2000 年年底就開始了。

活動的揭幕時間是 12 月 5 日，由 3 位諾貝爾文學獎獲得者作講演，

題目是「作為見證的文學」。上午由南非作家納丁‧戈迪默（Nadine Gordimer）和日本作家大江健三郎 (Kenzaburō Ōe) 發表演說，下午由高行健講演。德國作家、諾貝爾文學獎得主格拉斯（Günter Wilhelm Grass）也來了，他似乎和大江的關係很好，有空就一起交談，引來人們拍照，兩人惺惺相惜的心態溢於言表，情景相當感人。

戈迪默的英語很純正，容易聽懂。她說到，南非的種族隔離制度雖然已經結束，但南非人民並未因此擺脫貧窮、無知、疾病的困擾，尤其是近年來愛滋病日漸猖獗，她呼籲世界繼續把關注的目光投向南非。大江的英語發音完全沒法聽，高行健用法語講，因此對他們二位，除了「躬逢其盛」之外，其餘幾乎一無所知。高行健講完後有人用英語提問，現場由馬悅然（Nils Göran David Malmqvist）進行中文翻譯，這部分我倒是聽明白了。提問者把作為見證的文學當成為什麼服務的文學，問與純文學是否矛盾？高行健回答得很好，他說：「並不矛盾。」他舉自己寫《逃亡》和畢卡索（Pablo Ruiz Picasso）的畫為例來說明，也很恰當。

12 月 7 日下午我去瑞典文學院，聽今年獲獎者印裔英籍作家奈波爾（Sir Vidiadhar Surajprasad Naipaul）的講演。會場人滿為患，還好我們提前一個小時出席，現場剛好還有座位，後來者只能站在旁邊或後邊。奈波爾英語道地、清楚，剛好在規定的 45 分鐘講完。雖然奈波爾在獲獎消息公布之後說了一大堆他與妓女關係的話讓世界著實感到震驚，但他在獲獎致答詞這個莊重的場合還是表現得中規中矩，他提到自己的家庭、童年和成長的經歷，以及日後在文學上的探索，絕口未提召妓的事。

第二天下午我前往市圖書館，高行健和來自山西的作家李銳有一場與讀者的見面會。

時間顯然很不充裕，一共才一個小時的會，他們兩人還需要翻譯，每人平均只有 15 分鐘的有效發言時間。馬悅然的開場白用了 20 分鐘，他大談高行健，聽眾可能有些畏懼他，不好意思提問。我見狀給他們提

了一個很老套的問題：「如何看待作家的責任？」高乾脆答：「完全沒有責任。」李答得很全面老練，他說：「有責任，但那是對文學和語言的責任。」在我之後發言開始活躍，有人問到法輪功，有人問到高如何看待自己是中國人，高都應對得極為巧妙，看起來是早就充分獲得歷練了。

初識佛光山

在瑞典期間，我還遇到過一件讓自己大開眼界的事情，那就是去佛光山寺廟作客。

2002 年春節期間的一個下午，我隨陳邁平去瑞典佛光山，參加那裡舉行的新春慶祝活動。瑞典佛光山是美國佛光山西來寺（開山宗長為星雲法師）在瑞典的分支，正式成立於 1999 年 3 月，整座寺廟建成於該年年底，它的佛像和各種部件是先在台灣製作好，運到斯德哥爾摩安裝的。在這裡，經常舉行各種佛學講座和法事，2000 年底，高行健還到此參訪，並作了題為「禪與人生」的講座。

佛光山位於斯德哥爾摩北部，距市區大約 20 公里，我們先去接馬悅然教授同行。路比較難找，費了一些時間才到達。

因為有馬悅然，我們算是最重要的貴賓。佛光山住持彥覺法師親自接待我們，叫人奉茶，帶我們參觀佛堂。佛堂很新，華麗光鮮。

我們每人奉香之後，被引入貴賓室，彥覺法師與我們交談。緊接著，台灣辦事處的曾代表及其夫人和下屬也來了，大家一起聽法師介紹狀況。彥覺法師和曾代表一樣，本來在美國的洛杉磯主持佛光山會務，因規制是幾年一輪換，因此到了這裡，住持法師和代表兩人齊稱有緣。

從談話中，我感到台灣和海外的出家人相當適應現代的社會生活，

比如，這裡的施主、信徒中，不少女性的丈夫有外遇，精神十分苦悶，法師們則自有一套勸解的說辭，能夠化解她們心中的煩惱。彥覺法師還主動向我們談起對同性戀、同性戀婚姻的見解，看起來，她是不迴避當代社會生活中的難題的。另外，她對當代科學技術的進展也並不陌生，比如，她還熟練地向我們介紹佛光山在網路上的內容，以及他們的主頁名稱。過了不久，另一更高階的法師來陪同我們，彥覺法師也很自然地讓座給她。此法師屬於「中央級」，住在美國西來寺本部，是專程到歐洲來參加活動的。她送給每人一些書，都是星雲法師寫的書，或者是寫星雲法師的書。

然後邀請我們上樓用餐，這是今天活動的主要內容，主人對此也比較得意，因為這次素餐做得很好，據說其他人要交 180 克朗，我們一行因為有馬悅然這位貴客，所以免去了餐費。餐前，由美國來的那位法師致詞，她祝大家恭喜發財，然後從佛教角度對恭喜發財作了新解。進餐過程中一直伴有節目演出，第一項是傳統的獅子舞，然後有獨舞、獨唱、獨奏等等，中間還搞了幾次抽獎。

活動臨結束時，節目主持人請美國來的法師上臺表演節目，這時我心中一楞，覺得大不敬，以為場面將會很尷尬，在出家人的聖地，怎麼能這樣搞？對遠道而來的貴賓同時又是「上級單位」的代表，這麼做是不是有些輕慢？但出乎我的意料，法師欣然上臺，還說隨便大家點什麼歌她都能唱。她在開唱之前又把台灣辦事處主任和夫人拉上了台，三人合唱了一首歌，主任夫婦下臺後，大家一定要法師獨唱一曲，她也欣然同意，唱了一首台灣流行歌曲。大家對她的表演報以熱烈掌聲，這不僅僅是因為她的地位，而且確實是因為她唱得不錯。

本來以為已該散場了，但主持人又拉彥覺法師上場，大家起哄，要她唱歌。對此，我仍然覺得頗為不妥，在寺院這等莊重之地，怎能像俗人一般，拉歌沒完沒了？再說，出家人哪有個個會唱歌的？結果卻是大出意外，彥覺法師高高興興地上臺了。她唱的是宏揚佛教的歌，我猜現

在他們作法事或舉行活動時也唱這類歌，內容是佛教的，而形式則有些像流行歌曲。她表演極佳，嗓音很好，表情、動作更好，贏得一片喝采。人們一派叫好，她下不了臺，只好再唱，總共唱了三首歌。彥覺法師最後用英語作了一個結束講話，感謝大家，尤其是義務為活動服務的年輕人，並希望大家以後再來，她的英語流暢，發音也很標準。

這次我是對台灣和海外的佛教人士嘆服了。回家路上，我們幾人在車上一直感嘆，有人說，她們是在美國的佛學院拿了學位的，所以有相當的素質和水準，我則用「大眾化」和「世俗化」來表達我的觀感和驚嘆。就我的本心而論，我熟悉的佛門弟子的形象是清靜無為的，我對吵吵鬧鬧的場合不太欣賞習慣，但是另一方面，我隱隱約約地感覺到了大眾化和世俗化的不可抗禦的力量，很有可能，只有順應大眾化和世俗化的潮流，才是在當代條件下弘揚佛法的不二法門。

拜會帕爾梅家

既然當了奧洛夫·帕爾梅教授，與他的家屬見面就是情理之中的事情，出面與我打交道的是已故帕爾梅首相的長子喬金·帕爾梅（Joakim Palme），我第一次拜會他是在抵達斯德哥爾摩十多天後，當時他正準備就任未來學研究所執行長，後來在這個位置上任職一段時間後，他又擔任斯德哥爾摩大學社會學兼任教授。我從一開始就對這個小我 11 歲的年輕人頗有好感，這不僅是因為他有一副和善的面孔和毫不張揚的談吐，更是因為他的職業選擇。設想一下，如果在中國，像他這種家世級別的太子黨，若不是當官，就是當大型金融機構的老總，怎麼會自甘淡泊，走學術路線呢？

一見面，我首先介紹自己，談了我在這裡當帕爾梅客座教授的情況和打算要做的研究課題。然後馬上對他拋出了第一個問題：「你對帕爾梅首相被殺害和對兇手克里斯托夫·皮特森（Kristoffer Peterson），

有沒有自己特定的看法？」他說，母親事後很快就辨認出了兇手，從身高、年齡、相貌特徵各個方面都對得上，尤其是他的面孔有吸毒者的特徵，還有其他目擊者的作證。但按照瑞典的法律，這些證據還不足以充分到能將他定罪。

法官需要釐清，嫌犯的凶槍是從何而來，又到哪裡去了，等等。他個人對瑞典的法律體系是有微詞的，因為警方分明是把顯而易見的兇手給放跑了。我續問：「最近不是有報導指出嫌犯自己也承認刺殺首相的罪行嗎？」小帕爾梅回答：「他只是對自己的一個好友私下承認此事，而非公開在法庭上向法官認罪。」

他還強調，其實他認為最大的錯誤，是兇手在殺害父親的 3 年前就曾殺害過另一人，但當時未能引發眾人關注，且有醫生出面證明其精神狀態有問題。當然，當時針對帕爾梅首相的陰謀很多，員警雖然掌握了不少相關情資，但從未將此人與本案作出聯想。說實話，對於刺殺帕爾梅首相案得到這樣的結局，對瑞典法律所給出的理由，我著實感到吃驚和失望，我不知道小帕爾梅是否壓抑著憤怒，我只聽到他平靜地講述此事。

我接著提出第二個問題：「帕爾梅首相對於國內政治，對於國際關係，尤其是對於世界和平，留下了一筆豐富的政治遺產，你是如何理解這筆遺產的？」小帕爾梅似乎對這樣的問題沒有準備，或許他不善於宏大敘事，不會從理論上、政治上侃侃而談。但他提到了父親為社會公義所作的努力，尤其強調其在教育方面的貢獻，使許多窮苦學生也能上大學；在國際上，反對核子武器，爭取世界和平。當我談及帕爾梅首相照顧到了窮困學生的時候，他還特別更正說，父親不僅只是照顧了貧困的學生，而且是改革了整個教育制度。

第三個問題對他來說就有點難度了：「照你看，目前社民黨的領導人在繼承這筆遺產方面做得如何？他們執行的確實是帕爾梅路線嗎？」小帕對這個問題的答覆是簡短而含糊的，我猜，他或許未曾想過這個問

題，當然也有可能是他不方便談論這個議題而語帶保留。

我在瑞典期間還見過小帕爾梅幾次，2005 年他率領未來學研究所的訪問團來到北京，我和我的妻子見了他們，我妻子還將自己剛剛出版的著作《中國人群死亡及其危險因素流行水準、趨勢和分布》送給了他，由於未來學研究所的員工之中有中國人，希望此書能對他們的研究工作有所助益。

與小帕的最近一次見面是在 2019 年 9 月中旬，我去斯德哥爾摩參加一個學術會議，會後他在一家餐廳招待我，還請了他的弟弟（小小帕爾梅？）和瑞典前駐華大使雍博瑞（Börje Ljunggren）作陪，席間我們以憂慮的心情談到了中國的人權現況，我還特別詳細地給他們講述了「天安門母親」的現狀。我們的這次會見，也許可以視為是完成了上次我缺席的「奧洛夫・帕爾梅獎」的頒獎儀式吧！

獲得殊榮

我是 2014 年度「奧洛夫・帕爾梅獎」的獲獎者，當頒獎典禮於 2015 年 1 月 30 日在斯德哥爾摩舉行時，我還處於所謂「取保候審」期，護照被員警沒收，無法前去領獎。

帕爾梅獎由「帕爾梅爭取國際諒解和共同安全紀念基金會」頒發，該獎項是為了紀念帕爾梅而於 1987 年設立，曾經的獲獎者有捷克前總統哈維爾（1989 年），中國著名民運人士魏京生（1994 年），緬甸民運領袖翁山蘇姬（2005 年）、聯合國前秘書長安南（2006 年）等。

頒獎典禮在國會大廈中舉行，帕爾梅基金會總裁皮埃爾・修利（Pierre Schori）先生在宣讀的頒獎詞中說道：「2014 年奧洛夫・帕爾梅獎授予中國哲學教授徐友漁，以表彰他堅持民主和言論自由原則的工作。徐友漁關於自由、社會正義和人權的號召，是他在中國進行的抗爭，

但具有普遍意義。」「他一直致力於中國社會民主化的工作，譴責將任何形式的暴力作為一種政治手段。」「徐友漁通過他的研究和傾向對話的論文，為中國的和平民主發展作出了重大貢獻。」

接下來，他介紹了我當時的情況，尤其是前一年 5 月遭受一個月監禁以來的情況，對我因北京當局的禁止未能親自前來領獎表示遺憾。最後，總裁先生代我宣布了我的決定——將我獲得的全部獎金（75000 美元）捐贈給由六四屠殺受害者親屬組成的群體「天安門母親」。隨後，我暫時無法領受的獎狀被豎立在講台跟前。

在總裁之後是帕爾梅的遺孀莉斯貝特・帕爾梅夫人致詞，她在演說中送給我兩段帕爾梅的話，以助於我在政治和民主方面的工作。第一段話出自 1964 年帕爾梅在瑞典社會民主青年代表大會上的一個演講，他說：「政治就是想要某些東西。社會民主主義政治就是想要改變，因為改變提出改善的遠景，提供食糧以想像，鼓勵倡議、夢想和願景。」

第二段話是擔任首相的帕爾梅於 1975 年在斯德哥爾摩舉行的社會民主黨代表大會上的演講中說的：「對於我們而言，民主是有關人性尊嚴的問題。人性尊嚴——包括政治自由，自由表達你觀點的權利，批評的權利，以及影響民意的權利。人性尊嚴——健康權、工作權、教育權，以及社會保障權。人性尊嚴——與其他人一起致力於塑造未來的權利。這些權利，這些民主權利，不能保留給一定的社會界別，它們不得不屬於所有人。」

我想，我會終生謹記這些至理名言。

在音樂家表演了作為中場休息的音樂節目之後，基金會副總裁、烏普薩拉大學政治學教授喬金・帕爾梅主持了一個關於我和中國現狀的座談會，由瑞典前駐中國大使雍博瑞先生、漢學家羅多弼（Torbjörn Lodén）教授和秦碧達（Britta Kinnemark）女士在主席臺上一起座談。

羅多弼教授在頒獎典禮之前已經在《瑞典日報》上發表文章，對我

作了介紹：「今年的奧洛夫・帕爾梅獎得主徐友漁教授是一位哲學家和
社會批評家，對自由、民主、公正和人權具有強烈的責任感。他以富於
感染力的方式結合了兩個方面：深入學術分析不失基本價值，熱望美好
社會不逾理性真相。」

頒獎典禮在音樂家再次表演節目之後結束，隨後所有來賓一起出席
慶祝酒會。

上述情況，我是後來從旅居瑞典的作家，獨立中文筆會秘書長張
裕先生的報導中得知的。至於獲獎一事，我是在 2014 年年底通過輾轉
的途徑得到消息，在那段期間，員警對我本人和我的通訊進行嚴密的監
控。頒獎之後，他們還不止一次地找上門來，想問出我是怎麼得知自己
的獲獎消息。

當我剛一得到獲獎消息時，就和妻子商量，一致決定要將獎金捐贈
給「天安門母親」。為此，經過精心安排，我在頒獎典禮舉行的 3 天前
專程去拜訪了丁子霖老師，把我的意願告訴她，在得到她同意接受捐贈
的表態之後，再通過可靠管道把我的決定通知帕爾梅基金會。事實上，
由於中共當局的嚴密監控和公然阻擾，要把捐款送到「天安門母親」手
上實在不是一件容易的事。後來，我們花了很多時間，想了各種辦法，
冒著一定的風險，才讓捐贈成為事實。

帕爾梅客座教授任職期滿後，我於 2002 年 11 月回到北京，但仍
與瑞典保持密切聯繫。比如，2004 年在瑞典刊物《Framtider》上發表
〈Justice and equality in China（中國的公義與平等）〉，指出中國的不
公正和不平等已經達到驚人的地步，收入不平等表現在行業、地區之
間，最大的不平等存在於城鄉之間。不公平既是經濟上的，也是政治上
的，我還指出，如果中國仍然是個一黨制國家，那麼實現平等和公正就
沒有希望。

第十章

劉曉波、零八憲章與諾貝爾和平獎

我所認識的劉曉波

　　我與劉曉波認識得晚，當他在上世紀 80 年代爆得大名，以黑馬之姿在中國文壇縱橫馳騁時，我遠在英倫冷冷地旁觀。後來讀到他的《末日倖存者的獨白》，對他有了更多的了解；不過說實在的，那本書中有很多地方令我反感。大體說來，我認為初出道的劉曉波是個缺點突出，但優點也難得的人物。我並不喜歡他那語不驚人死不休、事事都要挑起爭論的做派，但同時也看到，他確實有思想，而且難能可貴的是，他的思想很徹底。那些「文化熱」中與之爭鋒的啟蒙導師，往往做出一副突破了馬列意識形態禁錮的模樣，但實際上仍是沒跳出如來佛手掌心的孫悟空；而劉曉波則快人快語，輕而易舉地突破禁錮，一步到位。

　　我對劉曉波的坦率和尖銳不是感到吃驚，而是欽佩。

　　記得有一次見到劉曉波，是在朋友王東成家。東成有各方面的朋友，他安排大家與一位曾經赫赫有名的人物蒯大富相見，大家對昔日的「蒯司令」很感興趣，當然也表示了相當的敬意。後來又在東成家見到蒯大富——我想期間我和劉曉波還在其他場合分別見過老蒯，當蒯大富還像往常那樣，一見面就向在場的朋友展示他當年與毛澤東、林彪、江青以及其他「中央首長」的合影照片時，劉曉波再也忍不住了，毫不客氣地提出批評，而且措辭相當尖銳。

　　我和其他人其實都理解，文革中蒯大富位居造反派紅衛兵「五大領袖」之一，是毛澤東文革戰略中的一員驍將，文革後期被「秋後算帳」，再後來受到各種打擊與不公正待遇……他想要展現自己年輕在人生最高峰時的輝煌，是自然的、值得同情的。

　　但劉曉波不留情面地指出：「一見面就亮出和領袖與首長的合照，

第一次人們會覺得新鮮，肅然起敬，第二次就感覺不是滋味，心中暗想『又來了！』當第三次再出現與之前一模一樣的情況時，就會有適得其反的效果，讓人覺得可笑又可憐；何必呢！」我本來與劉曉波有同感，但不忍心掃老蒯的興，即使心中對他的行為不以為然，但說不出口。經劉曉波這麼一說，有人應和，老蒯也表示他懂得並同意劉曉波講的道理。

那件事之後，我心中開始有些佩服劉曉波，大家都是為了老蒯好，為了他的形象，也想他盡快從文革情結中解脫出來，我顧及老蒯面子做不出來的事，劉曉波就做得出來。在接下來的談話中，老蒯仍表現出對文革的留戀，對毛澤東、江青等的懷念與感恩，劉曉波又帶頭對老蒯猛批一通，在座的朋友紛紛附和，眼見老蒯臉上已掛不住，馬上就要發作了，我立即打圓場，說了些讓他下臺階的話，避免鬧崩了。

後來當我再次與劉曉波接觸時，發現他早已不是傳聞中那個鋒芒畢露、咄咄逼人的人，而是另一種形象：謙和、親切、體貼、大度，只是偶爾閃現一下語言的鋒芒。我有幾次見到他和丁子霖、蔣培坤老師在一起，他執禮之謙恭、扶持之殷勤，比之子女對待父母，是有過之而無不及。

我見過一次劉曉波發脾氣，而且是大怒，那是在包遵信先生的追悼會快結束的時候。

老包的追悼會是劉曉波主持操辦的，一位在中國思想文化界廣受尊敬，晚年處境艱難的老人，在辭世後受到親朋好友的追思、懷念，是極其自然，符合中國傳統人倫道德的。但當局如臨大敵，設置種種障礙加以干擾。我在赴殯儀館的前一晚就接到有關單位打來的電話，表示對我要參加悼念的關注和勸阻。到了現場更看到大批員警，虎視眈眈，隨時準備動手的樣子。

追悼會上本該有一些關於老包生平事跡之類的介紹，由於員警的干預，這樣的內容被撤除了許多。就在追悼會即將結束時，突然傳來一

陣爭吵聲，好像是員警要拿走一份老包生平的介紹資料，藉口其中提到了六四，此舉破壞了追悼會完滿結束的氣氛。這時劉曉波忍無可忍，憤怒地指著員警大吼，還奮力抓起身邊的一把椅子摔了過去。椅子應聲破碎，劉曉波仍指著員警痛罵不已。

我從來沒有見到過有人發這麼大的火，那是君子的雷霆之怒，出自正義的憤怒。人們趕緊衝上前，使勁地抱住劉曉波勸阻，同時與員警交涉。員警見勢不妙，作出了些許讓步，局面才緩和下來，給老包辦的追悼會好歹算是順利結束。

緊接著，劉曉波又根據事先安排，邀請悼念者（包括好些從外地來的朋友）到附近一家餐館進餐，期間還有一些周折，但在劉曉波及其朋友們的妥善安排下，眾多來人終於在餐廳安頓下來，一場對去世長者的追念活動總算是善始善終。我親眼目睹了這一幕，感受到了「情義」二字在劉曉波心中的分量。

從火爆到內斂

從 80 年代到 90 年代，劉曉波的性格和人生態度發生了巨大的變化，他像宗教信徒一樣懺悔和反省，滌蕩不潔的靈魂、除盡身上的虛榮浮華，就像他在〈鐵窗中的感動——獄中讀《論基督徒》〉中所說：「也許，我永遠不會成為教徒，不會進入有組織的教會，但是耶穌基督卻是我的人格楷模，我知道終其一生也無法企及那種聖徒人格，但被這樣的書所感動、所震撼，說明自己還具有作為一個人的虔誠與謙卑，並未被牢獄之災所吞沒，也沒有被曾經爆得的名聲所腐蝕，我還有救，還能夠把自己的一生變成努力地接近這種人格的過程。」

對劉曉波而言，在精神蛻變的過程中，有兩件事產生了至關重要的作用，第一是監禁生活，第二是閱讀，這兩者強迫劉曉波退出轟轟烈烈

的鬥爭生活，有充裕的時間靜下心來，反省自我，給大腦充電。對一般人而言，身陷囹圄是禍，而對於胸懷大志、堅毅不拔的人來說，牢獄是另一種類型的大學。坐了一場牢，不管是三年五年還是八年十年，出來後已然是另一個人，正如古人所言：「士別三日，當刮目相看。」苦難和虐待的刻痕留在面容和身體動作上，而知識、修養的提升則表現在談吐、文字和氣度上。

在這方面，劉曉波是一個例子，陳子明是另一個例子，再遠一點，文化大革命中因大字報〈中國向何處去〉而坐牢 10 年的楊曦光（楊小凱）也是一個例子。他們把鐵窗生涯變成苦學深思的時光，這明顯地使他們知識增長、視野拓寬、思想成熟。熟悉劉曉波 80 年代文字的人，很容易從他以前那種激越的，總是比別人高八度的聲音中對比到後來的從容與寬廣。

我與曉波不是老朋友，我們相識很晚，我清楚地記得，我與他正式見面的時間是 2004 年 1 月 23 日。這對我而言是一個新的起點，在此之後，我逐漸成為曉波的朋友，或者說是戰友，這在某種程度上改變了我的生活。那天上午，與我早已認識的年輕朋友余杰打來電話，問我是否能在當天晚上赴某餐廳與劉曉波見個面、一道吃晚飯？我當即答應下來。

我很清楚我的應允意味著什麼，這是某個事件的開端，如果我這次沒有拒絕與劉曉波見面，以後也多半不會拒絕他的其他請求。中共當局把劉曉波形容成與外國勢力勾結、居心叵測的危險分子，極力嚇阻人們尤其是知識界人士與他交往。而知識分子之中許多人，包括爭取民主人權的人，也對劉曉波敬而遠之。

在中共的威脅和宣傳之下，對中國大陸民運人士的汙名化已成功到了這樣的地步，人們像躲避麻風病人一樣地躲避劉曉波或者其他民運人士。在那些年發出的抗議和呼籲中，明顯有兩種聲音，一種出自體制內的知識分子，另一種出自劉曉波之類的民運人士，好像同樣是抗議呼

籲，只要一沾上劉曉波的邊，性質就會改變。

這是不正常的，這種局面必須改變。只要願意，人們可以正常跟劉曉波往來，一同吃飯，一道散步；人們也能批評劉曉波正在批評的事，如果他們認為事情本身應該批評的話。總之。界限應該取消，顧慮或恐懼應該克服，在這個方面，責任主要在體制內人士身上。

我感覺到，曉波這次與我相約見面，完全不是一般性地認識交友，而是要開啟一趟破冰之旅。幸好，我早有準備，我不會推託、迴避，不會令他失望，說到底，我不會讓自己瞧不起自己。我與曉波傾心交談，最後達成一個共識：今後，就共同關注的社會問題而言，如果看法一致，我們可以在同一份聲明或呼籲上發聲，讓我們的主張以一個系列而不是兩個系列的面貌出現，讓體制內和體制外的界限不復存在。

時間過了不到一個月，就該我兌現承諾了。

2004 年 5 月中旬，劉曉波、王怡、包遵信、余杰等民運人士領銜發表了〈我們關於六四 15 周年的公開呼籲〉，要求當局解除對於六四事件的言論禁錮，要求全國人大成立六四事件特別調查委員會，調查真相，追究責任。他們請我在這份呼籲上簽名，我毫不遲疑地同意了。

過了幾天，我的工作單位——社科院哲學所黨委書記找到我，要我撤銷簽名，我拒絕了。再過了兩天，所長和副所長一道出面，提出同樣的要求，我仍然加以拒絕。最後，黨委書記、所長，再加上人事處長一道登門，再次要我撤銷簽名，口氣之嚴厲，等於是向我發出了最後通牒。我的判斷，如果我不屈服，結果可能是把我從社科院開除。我想，開除就開除吧！但是，不知道是什麼原因，社科院最後沒有開除我，只由一位副院長出來虛張聲勢地說了一聲：「下不為例。」然而我連這個台階也不給，堅決地回覆：「我可沒有擔保下不為例！」

發布零八憲章

2009 年 12 月 9 日,在聯合國頒布的國際人權日的前一天,由中國熱愛自由和民主的一批人簽署的零八憲章面世,這是中國民主運動史上里程碑式的事件。作為首批簽署者之一,我感到莫大的榮譽和自豪。不過,一開始我並不同意簽署零八憲章,我是在曉波的動員說服之後才同意簽署的。

記得那是在 2008 年 11 月中旬的一天,曉波約我一道吃飯,進餐中間他拉我到一靜僻處,出示一份徵求意見稿,請我一定支持。我大致看了一下,答應認真考慮之後再說。

回家後仔細讀了這份零八憲章的徵求意見稿,感到文本有些地方需要斟酌和修改,更重要的是,我認為現在發表這個憲章時機不是很合適,於是約見曉波詳談。

我提出兩點理由來說明時機不很合適的意見:

• 我認為發表公開信、聲明、呼籲等等應針對具體、特定的事件或日子,讓人感到有話不得不說,以引起注意,而不要過於頻繁,讓人產生注意力疲勞。這一次,之前有對於奧運會的「同一世界、同一夢想、相同的人權」聲明,下一年,一定有關於六四 20 周年的聲明,我們不能弄成定期聲明的例行公事;

• 現在正值世界金融危機,各國政府和人民都在全力應對,媒體的關注點也在這裡,這時發表憲章,很難引起關注和聲援,這種事例很多,要吸取經驗教訓。比如,正當世界的目光開始聚焦於中國的人權問題時,突然爆發了波灣戰爭和 911 事件,它們都極大地分散了世界輿論對於中國人權問題的關注。

曉波一方面肯定我的看法有道理,但更強調 12 月 10 日為聯合國人權宣言發表 60 周年紀念日,也是一個不可錯過的重要時機,發表零八

憲章，就是表達我們中國人認同人類普世價值的決心，這一點還是非常有意義的，還是希望得到我的理解和支持。曉波提出的這個理由打動了我，我最後同意簽署零八憲章，並對文本中的一些提法和表述提出了修改意見。

修改意見集中在兩個方面，一是草稿中某些政治學術語使用不太準確，應該改正；二是憲章中某些批評或者訴求的口氣稍顯激進，應該和緩一些，以爭取那些本來有意參加簽署但又心存猶豫，希望保險係數取大一點的朋友參加。

過了兩天，又見到曉波，他告訴我，他已經和張祖樺等朋友商量過，我的修改意見他們完全同意，並向我出示了修改之後的新版本。他還向我提出了幾個名字，請我向幾位著名的知識界人士徵集簽名，我答應了。

事後證明，曉波的意見是正確的。聯合國人權宣言發表 60 周年，作為一個事件來說雖然有些抽象，不具刺激性，但正切中中國政治的時弊；中國人民要求兌現聯合國人權宣言中所列各項權利的積極性，比表面上顯示出來的不知要強烈多少倍！零八憲章的簽名行動，很快就在中國大陸和海外發展成為一場吸引各階層人士積極參與的運動，它所產生的反響之大，完全超出了我的預想，也超出了許多人的預想。零八憲章當然還有需要補充完善的地方，但是有了它，一切為中國憲政民主而奮鬥的人就有了一個明確的願景和方向。

曉波是零八憲章運動的靈魂人物，誠然，他不是零八憲章最初文本的起草者，但零八憲章最後文本的形成，獲得那麼多人的簽名，得到眾多著名法學家、學者、社會活動家和各界知名人士的認同與支持，與曉波領頭組織簽名活動大有關係。不難預料，當局對零八憲章運動的打壓，其首要目標就是對著曉波。2008 年 12 月 8 日深夜，員警抓走了曉波，這使得原計劃 12 月 10 日（國際人權日）發布的零八憲章，提前於12 月 9 日公佈。

營救劉曉波

抓捕曉波引起了朋友們的憤怒和反抗，我們要和當局講理，要正告當局，我們準備分擔曉波的責任和對他的打擊。12月12日，我們公佈了一份由崔衛平起草，題為〈我們和劉曉波不可分割〉的公開信，其中說道：

「我們與曉波先生一同簽署這份憲章，是共同分享對於當下中國現實問題的認識以及所感受到的緊迫，分享我們對於祖國前途命運的責任感，分享我們民族前僕後繼、孜孜以求的自由平等的共同理想。因為分享著共同的思想和理想，我們與劉曉波先生有著不可分割的關係。憲章如同我們的靈魂，我們每一個人都是憲章的肌體，我們互相之間是一個整體。如果劉曉波先生因為簽章而遭受傷害，那麼也是我們每一個人遭受傷害。如果劉曉波先生不能自由，那麼我們每一個也是被囚禁的。」

「我們強烈呼籲劉曉波先生能夠盡快回到家中，還他以自由，那是我們共同的自由。」

這封公開信寫得很動情，又有很多知名人士在上面簽名，因此流傳很廣、影響很大。不過不管怎麼說，僅僅一封公開信是不夠的，何況當局並沒有釋放曉波，我們還得繼續發聲。快到年底時發生的一件事促使我再次表明立場，闡述簽署零八憲章的合法性。

一天下午，我接到單位領導的電話，談零八憲章的事。他首先問我是在什麼時候，以什麼方式在零八憲章上簽名的，然後問我為什麼要在上面簽名，我回答說，我看了憲章的內容，覺得不錯，符合現行憲法精神，與中國已經簽署的聯合國宣言、公約一致，我簽名是在履行得到憲法保障的權利。他說，零八憲章違反了現行憲法和法律，我直截了當地呵斥：「胡說八道！我可以在任何時候，和任何人辯論這個問題。」我問他看過這個憲章沒有，他說沒有，我說：「那你應該先看看再作自己的判斷，不要跟著上面瞎說。」他要求，不要在憲章上簽名，如果已經

簽了，要聲明退出，我說：「絕無可能。」

我在零八憲章上簽了名，這是一個公民理性的、負責的決定，這個決定一旦作出，任何威脅、警告、懲罰都不能改變，不論它們表現為赤裸裸的暴力，還是以國家和法律的名義。於是，我在新年開初發表了一篇文章，題為〈我為什麼在零八憲章上簽名？〉

我在文章中揭露，當局的一貫做法是，先把簽名活動的組織者或其他一些簽名者抹黑，從而把整個簽名活動抹黑，達到嚇退其他人的目的。通常的口實是說活動「有組織」、「有預謀」、「有海外背景」，但拿不出證據。其實，從法理上嚴格說來，「有組織」、「有預謀」、「有海外背景」等只是政治宣傳的說辭，它們並不等同於非法，需要其他確實證據，才能證實「有組織」、「有預謀」、「有海外背景」的活動是非法活動。法治社會中，不能靠虛聲恫嚇定罪。

文章聚焦到核心問題，我直言質問，當局稱零八憲章的簽名者「涉嫌顛覆國家政權」，有什麼法理上的根據？零八憲章的哪一條、哪一款，哪一段文字包含有圖謀「顛覆國家政權」的內容？零八憲章的哪一條、哪一款，哪一段文字的內容超出了言論自由的範圍，可以等同於「顛覆國家政權」的行動？

我在文章結束時指出，圍繞零八憲章進行的是一場爭奪合法性的鬥爭，「這是一場真正的愛國者與反對國家的人的較量，有人想把中國的合法公民變成唯唯諾諾、俯首貼耳的臣民，妄圖強加給他們可怕的、莫須有的罪名，有人要把祖國忠誠的兒女打成國家的敵人。」

接下來的好幾天，我都在接受 BBC、半島電視台等外媒的採訪，我大聲疾呼，要求釋放劉曉波，停止對零八憲章簽署者的打壓。

捷克人權獎

零八憲章運動一方面在國內受到嚴厲打壓，另一方面在國際上得到了強有力的聲援和支持。2009年3月中旬的一個下午，崔衛平和莫少平律師告訴我，他們得到從捷克相關單位傳來的一個消息，捷克某人權組織決定把一個人權獎頒發給劉曉波和所有的零八憲章簽署者，他們希望能有國內的人前去布拉格領獎。

然而難題出現了，他們徵詢了一圈朋友的意見，竟找不到一個人說自己願意去。顯然，這時候到國外去領人權獎，是有很大風險的；另外，每個人都有一些工作安排、家庭生活方面的具體事務，也不是說走就能走的。當然，也可以考慮請現居海外的中國人去領獎，但那樣的安排將使頒獎典禮有所失色。

我們三人邊議論此事邊想像捷克友人的不解和失望：「怎麼回事？我們給他們發獎，他們竟然沒有人來領！」這幅場景讓我們羞愧得半天說不出一句話。最後，三人心一橫，決心豁出去了：「那就我們自己去吧！」一想到我們將親手接過哈維爾前總統頒發的獎狀，我們的心情已經提前激動了。

事情出乎意料地順利，過海關時沒有發生原來預計的盤查和攔截，我們經維也納轉機，於3月9日抵達布拉格。

11日晚上7點去參加頒獎典禮。捷克外交部長等先到，我對他說：「能來布拉格領獎，我們感到十分榮幸。」他鄭重回答：「這是我們的榮幸。」接著哈維爾到場，記者們紛紛擁上拍照，閃光炫目，好長時間睜不開眼。我跟哈維爾握手問好，然後坐在他與捷克外交部長旁邊。儀式開始，主辦單位元先是用投影方式介紹了前幾屆的頒獎情況，然後首先請一位緬甸和尚登臺誦經，接著請一媒體主編發言，介紹本次頒獎活動狀況，再接著是政府歐盟事務部長和教育部長同台對談；這種安排頗為別緻，會場氣氛一下子活躍起來。

在組織本次活動的負責人宣讀頒獎詞後，就是哈維爾講話了，他講得簡短、平實，但句句打動人心。在三位來自北京的領獎代表上臺之前，會議主持人作了介紹，莫少平作為劉曉波的律師受到了熱烈的掌聲歡迎。我們與仍在臺上的哈維爾一一握手，他特地送我們之中的唯一女性衛平一束鮮花和一個擁抱。我發言，然後衛平發言，每講一句，捷克著名漢學家羅然（Olga Lomová）教授譯為捷克語，並配有同聲英譯。

這次頒獎晚會參加者約 500 來人，大約有 40 個歐盟成員國代表參加。會後有招待會，我在接受了兩家媒體採訪後與少平和衛平一同離去。我們的陪同接待人員亞娜表示，她看見一個中國的使館官員在台下錄音、拍照。過了幾天，聽會議工作人員說，此人忙著拍照，卻把錄音機忘丟了，他們給保管起來。

我的獲獎答謝詞當然是經過精心準備的，我在發言中談到了零八憲章與捷克的七七憲章在基本精神上的一致，並指出，發表零八憲章的意圖和目的是尋求和解與共識，而不是製造對抗。我在發言的最後表示，從根本上說，中國的人權事業和憲政民主事業是中國人自己的事，但是，它同時也是當代世界潮流的一部分，我們對來自捷克人民的關注與支持將永遠銘記在心，我們也以同等的熱情關注他們的進步。

衛平是到達布拉格之後才決定要致謝詞的，她的發言準備匆忙，但很動情，很有感染力。她在發言中提到了劉曉波的妻子劉霞，提到了另一位囚犯胡佳的妻子曾金燕，還提到了天安門母親和丁子霖，最後提到了正在透過法律途徑尋求正義的「汶川地震母親」和「三鹿奶粉結石寶寶的母親」。

第二天下午，我們到市內一間辦公室見哈維爾。他指著陪同我們的頒獎組織負責人西門·帕內克（Simon Panek）開玩笑，說他以後可能會當總統。他開始時說了許多話，有問訊，有回憶，口氣很普通、親切，完全沒有滔滔不絕、高談闊論的氣勢。

當他問到中國的人權、法律狀況時，莫律師作了詳細的回答。然後，他笑著講述當年在監獄中會見律師商量辯護時的情況，因為怕員警監聽，律師不說話而是寫小紙條，但以後發現這些小紙條其實全交給了員警。聽到這裡，少平趕緊說他不會把辯護準備報告給員警，在座的人都哈哈大笑。

哈維爾問：「憲章主張以聯邦制方式解決未來西藏等少數民族地區問題，是怎麼回事？」他們要我來答，我說這是中國一些爭取民主的知識分子如嚴家琪、劉軍寧、吳家祥等在著作中提出的主張，也不知道藏人對這樣的主張怎麼看。哈維爾又問達賴喇嘛與中央政府談判的情況，我說：「現在中國方面把達賴喇嘛稱為『披著羊皮的狼』和『百萬農奴的奴隸頭子』，看來談判不大會有進展，但即使以後有可能認真談，涉及具體問題也很難。」會見持續了兩個多小時，結束時，衛平把自己翻譯出版的《哈維爾文集》送給了作者本人。

哈維爾是個人情味十足的人，當他聽說我們當天上午去了城堡參觀時，說他知道城堡中有一些好地方是不對外開放的，如果我們想再去看看，他可以叫總統辦公室來安排。我們滿心歡喜、滿口感謝地說要去。過了幾天有幸重遊城堡，感覺果然與上次不一樣。

頒獎之後的第 4 天，捷方安排我們與老七七憲章的成員見面，這讓我們又驚又喜。我第一個向在場的老人們說：「在座的崔衛平和我對捷克的七七憲章運動比較熟悉，做過研究與介紹，現在終於與我們以前只能在想像中見面的老戰士共聚一堂，真是喜出望外，我們首先要表達對你們的敬意！」

老人中的一個（衛平很快就意識到他是著名作家克利馬 Ivan Klima）回應說：「捷克是小國，中國是大國，沒有想到七七憲章對於中國的民主運動還有影響和啟發。」

旁邊另一位（可能是他的夫人）馬上說：「在爭取自由、人權等問

題上，是不分大國、小國的。」

他們很關心我們的情況，詢問我們每個人的職業，這次怎麼出來的等等。談話之間，我向他們請教了一個問題：

「根據一般的經驗，在自由民主實現之後，那些為爭取自由民主的人會有一種失落感，因為反抗、鬥爭、勇氣等等已經不再需要，」我問，「在你們這些老七七憲章成員中是否也有這樣的失落感？」

他們的回答是：「沒有，不會感到失落。」

我的理解是，這些老七七憲章成員更習慣於從自我和個體考慮問題，對於他們來說沒有失落感，因為他們不是職業民主運動家，他們一直有自己的事要幹，比如寫小說。

衛平請他們每個人介紹自己的情況，還問勝利後有多少人跟隨哈維爾進了總統府。

莫律師專門問到社會轉型正義的問題，問以前的鎮壓者中有多少人受到了懲罰，他們回答說不多，只有幾個員警。少平認為這不符合正義原則，作惡者不能以執行上級命令而把罪過一推了事，個人責任是要講的，違反一般人性原則是應該追究的。他們表示同意這種意見，說當初確實過於寬大，追究太少。

衛平問到對當年受迫害者的賠償問題，回答說勝利後對被關進監獄的少數人有賠償，但對一般受到迫害，比如失去工作的人——他們中間很多是這樣的人——則沒有補償，我問：「Why not？」眾人大笑，他們說自己起來反抗不是為了個人利益。

與這樣一些可敬可親的老人在一起，真有他鄉遇故人的感覺。大家交談時心心相印，分別時依依不捨，再三互叮囑珍重，這美好動人的一幕，至今在我心中仍未褪色。

諾貝爾和平獎

從布拉格返回北京大約過了 3 個月，中共當局在 2009 年 6 月 23 日宣佈正式批捕劉曉波，第二天，由 52 名中國知識界人士簽名的公開信發表，「呼籲立即釋放劉曉波博士，真正落實憲法所保障的言論自由，兌現《國家人權計劃》，以體現對於憲法的尊重和走向法治國家的決心，並由此作為新的政治協商以及社會和解的起點。」在這份呼籲信上，我的姓名位列第一。

同年 12 月 25 日（顯然是利用西方人過聖誕節的時機），北京當局不顧全世界正義人士的呼籲和抗議，悍然宣判劉曉波 11 年徒刑，這是對憲法和法律的公然嘲弄，對法治原則的粗暴踐踏。與此同時，曉波為民主和人權事業付出巨大犧牲，以及在遭到非法判刑之後仍然堅持和平、理性、非暴力原則的崇高精神，也使得「劉曉波應該獲得諾貝爾和平獎」成為一個現實問題呈現在世人面前。

2010 年 8 月的一天，一位我不認識的年輕媒體人登門拜訪，他建議我致信諾貝爾和平獎委員會，請求將本年度的諾獎授予劉曉波。他告訴我，他與朋友們研究了諾貝爾和平獎的章程和我的情況，認為我是具有資格提出此項請求的人選。他還說，我只需將寫好的請求書交給他，其他任何事都不用管，他們有團隊、有資金在歐洲活動，能動員歐洲新聞界的支持，並將我的請求信遞交到諾貝爾和平獎委員會。他分析說，曉波獲得諾貝爾和平獎的可能性本來就存在，現在中共當局想一手阻攔，拼命向挪威政府和諾貝爾和平獎委員會施壓，結果卻適得其反，曉波獲獎的呼聲越來越高，現在到了最後衝刺階段，如果我們再加一點助力，說不定就能成功。

我雖然以前沒有與這位朋友打過交道，但因為他在媒體界相當出名，所以還是有一種基本的信任。況且，這是一件天大的好事，我應該不計成敗地去做，所以，我當即一口答應下來。知道有那麼多不認識的

人在關注曉波，我心中很感到安慰。

我很快就寫好了請求信並交了出去。在信中，我介紹了曉波在 1989 年民主運動中的表現，他作為中國大陸維護人權和爭取民主活動的主要發言人和組織者進行了哪些活動，以及他所發起的零八憲章運動的意義為何。

我在信的結尾中寫道：「我認為，劉曉波的思想、行為與達賴喇嘛尊者、圖圖大主教、翁山蘇姬等人的思想、精神和行為路線完全一致，他們都是力圖通過理性與非暴力手段，通過漸進的、說服與協商的方式維護人權，促進社會和平地實現轉型。在目前中國各民族、各地區、各階層的抗議運動中，我們有必要警惕、預防暴力傾向的出現，授予劉曉波諾貝爾和平獎會起到這樣的作用：全中國、全世界為爭取人權而鬥爭的人們將在理性和非暴力的抗爭中看到希望和吸取力量，全世界、全人類將在埋葬專制統治的同時埋葬暴力。」

我生性悲觀，對於自己爭取的事情從來不抱太大的希望，但這一次是例外。時間越來越臨近 10 月 8 日宣布得獎者的日子，朋友們越來越認真地猜測曉波能否獲獎，我每次都說一定能，當問及原因時，我總開玩笑說：「因為是我推薦的。」其實，我根本不知道我那封請求信是不是能起什麼作用，甚至不知道它是否被送達到了諾獎委，我認為這封信其實並沒有發出去。

到了公布獲獎者姓名的前一日，人們的期盼和緊張心情達到了極點，駐北京的外媒開始提前行動，紛紛請求採訪，問題是，結果還沒出來呀！說半天慶賀的話，萬一劉曉波落選怎麼辦？這些媒體為了搶第一時間發布新聞，想的辦法也很絕：他們要求我做兩套節目，第一套假設曉波得獎，第二套假設曉波沒有得獎，在宣布得獎者姓名之後的幾分鐘之內，他們就可以把內容合適的訪談節目播出來。

10 月 8 日那一天，我早早地出了門，一上午在兩家媒體各做了一

套適用於兩種情況的訪談節目。下午 5 點，我剛從一家媒體走出來，突然手機響了，是蘇雨桐從澳大利亞打來的，她首先告訴我，今年的諾貝爾和平獎得主正是劉曉波。然後以媒體的身份對我訪談。我壓抑不住內心的喜悅，就在大街上滔滔不絕的說起來。剛說完，就接到德國電視一台和二台駐北京分站分別打來的電話，都是請求採訪。當天下午和晚上，我不知道接受了多少家外媒的採訪，手機的電池很快用光，以至於每到一家媒體，第一件事就是給手機充電。回家很晚，極度疲倦，又極度興奮。

曉波獲獎的消息一傳開，立即引起軒然大波，官民的反應和態度截然對立。官方攻擊諾獎委，說頒獎給劉曉波是對諾獎的褻瀆，誣稱劉曉波是西方反華勢力的政治工具；廣大民眾熱烈歡呼，聚會慶賀，各地員警則以威脅、傳喚、拘禁等手段加以壓制。在這種情況下，我和賈葭、郝建、衛平商量，我們必須發表嚴正聲明，表明我們的立場，表達中國人民的心聲。

10 月 14 日，一份標題為〈關於劉曉波獲得諾貝爾和平獎的聲明〉發表，內容包括以下 6 點：

• 頒獎給劉曉波的決定符合該獎項的宗旨和評審標準；

• 劉曉波是獲諾貝爾和平獎的恰當人選；

• 釋放劉曉波和一切政治犯，讓劉與夫人同行，親自到奧斯陸領取諾貝爾和平獎；

• 警方立即停止對公民慶賀獲獎的打壓，立即釋放被拘押公民；

• 中國當局應以理性和現實的態度對待劉曉波獲獎一事，體察、辨清世界潮流與人心所向，讓中國融入普世價值以及人類文明的主流；

• 　　　中國當局應兌現有關政治體制改革的承諾，政府應切實保障公

民的各項權利,和平實現社會轉型,把中國建設成一個名副其實的民主、法治國家。

這個聲明在北京和全國各地得到了熱烈響應和大力支持,截至 10 月 23 日,就得到了 852 人的簽名。

在發表這個聲明之前,我在香港《明報》上發表文章〈關於 2010 年諾貝爾和平獎的思考〉,提出「我們需要認真分析、理性思考劉曉波獲得諾貝爾和平獎的意義和後果,考慮如何使這一振奮人心的事件成為改善中國人權狀況、促進中國和平民主事業的推動力量。」文章認為,在爭取民主和人權的鬥爭中,堅持劉曉波一貫倡導和身體力行的非暴力原則是至關重要的。在發表聲明之後,我又在《明報月刊》上發表文章〈諾貝爾和平獎對中國的意義〉,指出堅持非暴力抗爭原則是劉曉波獲獎的原因,也是中國今後爭取民主和人權運動必須堅持的原則。

諾貝爾和平獎頒獎儀式定於 12 月 10 日舉行,在此之前幾天,員警如臨大敵,幾乎天天到我家來,他們要找到一個妥善的辦法對我進行嚴密的監控,以確保萬無一失,在頒獎典禮期間不會出現我接受媒體採訪的情況,還要求我配合他們。10 日上午,一輛警車把我帶到昌平一個由警方經營的度假村,等頒獎儀式完全結束,第二天始得將我釋放。

2015 年 11 月,我來到美國紐約,在一個大學當駐校學者,這時離曉波刑滿獲釋沒有多少年了。我時常與朋友們叨念:等曉波重獲自由時,我們一定會說服他出國治病,到那時我們或許會在美國或者歐洲見面,暢敘別後的一切。

痛別人世

2017 年 7 月 13 日,噩耗傳來,曉波病逝於服刑期間。我難過得久久不能言語,長時間不願正視曉波已經離我們遠去這一事實。

2019年4月中旬，我和《人道中國》負責人周鋒鎖一同飛赴布拉格，參加劉曉波雕像揭幕儀式，我在15日晚間舉行的揭幕儀式上的致詞說：

　　我們今天看到的這個劉曉波雕塑頭像既是一件藝術珍品，又是一件具有歷史意義的紀念物。它由一位捷克的藝術家創作，首先在捷克的光榮城市布拉格揭幕，這件事本身就意味深長。

　　我們知道，劉曉波病情危重時，曾經請求由妻子陪同到國外治療，被當局拒絕；劉曉波逝世後，無數好友請求與劉曉波遺體告別，被當局拒絕；劉曉波的遺體火化之後，當局強令將骨灰立即拋灑入海，使得敬重懷念劉曉波的人連一個對他的祭奠之地都找不到。在中國的文化傳統中，死亡還不是最悲慘的事，更悲慘的是「死無葬身之地」，中共當局強加給劉曉波的，就是這麼一個最悲慘的命運。我敢說，人世間最冷酷、最喪失人性者，莫此為甚！

　　今天，在布拉格，當我們凝視劉曉波的雕像時，我要說的是，劉曉波的肉體可以被消滅，但他的精神必將永存。

第十一章

我愛台灣

巧遇 921 地震

　　我第一次訪問台灣是在新千禧年到來之前不久的 1999 年 9 月，在中央研究院社會科學研究所從事學術訪問和交流活動。在此之前，我已經認識幾位台灣學者，也有機會閱讀台灣的書籍報刊，因此自認為對台灣有一定了解——至少比一般大陸知識分子好很多。

　　初到台灣，最吸引我的是中央研究院的圖書館，我大部分時間泡在那裡，想對台灣政治從威權到民主的轉型過程有一個完整的、清晰的了解，一個來月的時間裡，頭腦中充塞的、筆記本中摘要記錄的，全是蔣經國、李登輝等人的故事。後來，感覺到只是讀書並不是利用參訪機會的最好方法，計劃到台中的一些地方去走一走、看一看，正要動身時，卻發生了 9.21 集集大地震，旅行的計劃只好擱淺。

　　地震給了我一個機會來觀察台灣社會的應急機制和能力，首先給我深刻印象的是台灣媒體的責任心和效率。地震剛發生不久，廣播中就傳出各家媒體的即時報導，包括現場報導，整個過程中，我們都對事態的發展有充分的了解追蹤。1976 年唐山和四川發生大地震時，我人在四川成都，那時，除了坐等中央人民廣播電台的幾條簡短的報導，什麼都不知道。

　　另一個印象深刻的是台灣民間組織的發達與高效。地震發生之後，活躍在抗震第一線，派出醫療救助人員和分發救援物資的，往往還不是各級政府，而是各種民間組織，特別是佛教慈善團體慈濟功德會，幾乎是哪裡有災情，那裡就有它的身影。我的印象是，政府部門抗震救災也很賣力，但民間組織活躍在台灣的各個角落，它們反應更快。

　　第三個印象是：台灣兩大政黨的表現都還可以。地震前兩黨正為即

將到來的大選拼得你死我活，地震一發生，兩黨都停止了競選活動，全力以赴地在抗震救災活動中掙表現。整個救災期間，我沒有聽到過像競選期間那樣的在政治上攻擊對方的言論。

有一個小插曲值得一說，這件事我從來沒有聽人議論過，但它是我從電視新聞節目中親眼看到的。抗震期間，國民黨總統候選人連戰到災區去看望民眾，一位老大媽懷著感激涕零的心情，情不自禁撲向連戰，想要給他一個擁抱，而連戰面對這個衣衫襤褸，手臉沾滿泥土的鄉村老婦人，不但沒有迎上去，反而呆住了，本能地閃避了一下，顯得不知所措，大約過了幾秒鐘才反應過來，勉為其難地抱住了那位老媽媽。我當時就在想，這也是出自連戰的家庭和本人生活經歷的自然反應吧。

我第二次訪問台灣剛好是在第一次的 10 年之後，受龍應台文化基金會邀請，訪問台灣整整一個月，進行文化交流活動。因為時間較為充裕，又有第一次的經驗，這次就沒有把自己關在圖書館中，而是到處走，到處看，到處問，這是繁忙而愉快的一個月，引起的感想和思考倒也不少。

公民社會中活躍的知識分子

台灣有一個相對成熟而發達的公民社會，願意盡社會責任和關心民眾的知識分子可以有多種管道寄託理想、發揮能力。他們不是以個人行動的方式單獨盡力，而是在相同理念之下團聚不同職業、專長的人，以社團的形式發揮作用，其成效和影響都令人矚目。

比如，邀請我的龍應台文化基金會就是一個由包括企業家、出版家、大學校長、作家、律師等行業的知名人士組成，冠以「財團法人」稱謂的正式社團。那是在 2005 年，正值台灣政黨輪替的第二次選舉之後，他們這批社會精英們聚在一起議論時政，痛感政局亂象不斷，社會百弊叢生，說到最後大家都認識到，革新的根本在於人，特別是年輕人，

而台灣年輕人最大的問題是缺乏全球性視野和深入思辯的習慣與能力。於是一個以打造有氣魄、有眼光、有思想、有關懷的世界公民氣質的新青年為目標的團體應運而生。大家本著有錢出錢、有力出力的精神各自貢獻，並一致主張，龍應台可以捐獻出來服務於社會的，是她的名字。

針對許多台灣人不知道雅典在哪一洲，現任中國國家主席是誰，聯合國在什麼地方的可悲情況，基金會舉辦國際論壇和各種講座，並協助各地一些大學建立思想沙龍，給年輕人提供與國際頂級思想家、言論領袖、科學家等等接觸交流的機會。這樣的思想文化盛宴包括科學家楊振寧、朱經武談物理學的誘惑，佛洛伊德的曾孫女談夢的心理與藝術之間的關係，歷史學家王賡武談華人的認同，著名記者彼德·阿奈特（Peter Gregg Arnett）談「美國，從西貢戰場到巴格達戰場」等。用記錄片加講座形式進行的「看世界」系列涵蓋巴基斯坦、委內瑞拉、烏克蘭、俄羅斯，關注大陸情況自然為題中應有之義，同樣用記錄片加講座形式進行，話題從農民工到古城的保護等等。

作為到訪者，我也被安排在幾個大學為沙龍的成員做講座，題目都是根據同學的興趣和要求而定，比如「30年來中國人思想狀況和方式的變化」、「改革開放社會轉型過程中的思想爭論」等，可見台灣青年對於了解大陸變革的渴望，而中正大學的沙龍正要做一個有關學生運動的研究課題，所以我給他們講「1968年的學生造反運動」。在與同學們的交流接觸中，我感到基金會的定位，他們對於台灣學生弱點的診斷是準確的。

台灣的大學生基本上都文靜、有禮貌，考慮問題具體，樂於踏踏實實把小事情做好，我從來沒有碰到過向我提出尖銳和挑戰性問題的學生（而在大陸高校的講座中，這種情況屢見不鮮），也沒有遇見個性張揚，急於表現自己的年輕人。有幾次講座提問和發言者明顯踴躍，使我眼前一亮，但馬上了解到他們是大陸高校來台的交換學生或老師，又使我大失所望。

龍應台基金會的工作人員安排我訪問另一個基金會，它的名稱叫「台灣好基金會」，它是在台灣著名企業家柯文昌的資助和一些知名的文學家支持下創立的。我與該基金會的執行長徐璐女士交談了兩個下午——第一次會面分手時，大家都覺得言猶未盡，因而約定了第二次見面。

　　我真是為這個基金會的宗旨和做法所感動，他們為了讓台灣在人文素養、文化內涵和生活環境各個方面成為台灣人的美好家園，執著於基層、偏遠地區和原住民地區文化、產業和生態資源的發展。這些地區的人民勤勞，文化和生活方式有特色，居住地風景奇特秀美，但因為產品沒有融入現代商業網路、訊息隔絕，他們的種種好處不為外界所知，自己也生活在貧困狀態。

　　基金會利用、動員、組織現代產業的資源，在設計、包裝、經銷環節進行指導協助，另外還組織人員培訓及特色旅遊。該基金會的活動遍及台灣東南西北，行業涉及石雕、藤編、木刻、染織等等，甚至在台中女子監獄協助生產別具一格的手工巧克力。該基金會辦公地點的底層被開闢為旅遊商店，擺設了來自台灣各地、各族的工藝品，風格古樸，琳瑯滿目，這是他們的代售項目。

　　徐璐的介紹給我留下了深刻的印象，其實，她不僅在台灣，在大陸也很有名氣。在上世紀 80 年代中期，她與另一位記者率先實現了台灣新聞界訪問大陸的突破，她在破冰之旅中寫下的文字成為台灣民眾了解大陸的第一手資料，引起轟動。她還在 90 年代末以極大的道德勇氣出版了記錄自己不幸遭遇的書《暗夜倖存者》，對於婦女解放有革命性的作用。就是這樣一位在新聞界紅透了的人物，處在前程似錦的職業生涯頂峰，卻厭倦於大都市和上層交際的空虛，毅然轉身於草根與弱勢人群，這種選擇不能不使人敬佩。

　　殷海光基金會的朋友們是我在 10 多年前就認識的，這個以台灣著名自由主義思想家殷海光命名的基金會在新的歷史條件下，繼續以傳

播、捍衛自由、民主理念為己任。這次，基金會的朋友們邀請我去殷海光故居講座，介紹大陸目前經濟、文化的情況。

基金會現任董事長是政治大學社會學教授顧忠華，他同時還是另一個組織「公民監督國會聯盟」的理事長，這個組織由一批知識分子組成，給自己規定的任務是監督立法委員在立法院的投票和發言等情況，定期發行《監督國會週報》。我感到這是一件很實際、具體，有意義的工作。那些政客們在選舉時向選民作出過承諾，必須監督和鞭策他們，使其為了民眾的福祉工作。但這樣的工作並非沒有風險，顧教授和他的同事就曾被監督對象指控侵權，吃過官司。

兩岸知識分子相比，大陸這邊類似於「中國向何處去」這樣的宏大敘事要多一些，台灣方面更偏重具體的民生問題，更具有眼睛向下的傾向。我想，原因在於他們的社會基本架構的原則已經確立，對主流價值的認同沒有根本分歧，爭論的不是主義，而是政策。

議會裡火爆的質詢場景

11 月中旬的某一天，我花了一整個下午去臺北市議會旁聽，接近年末，有一個斷斷續續長達 10 來天的市政總質詢，由市政官員接受議員的提問和批評。

參加旁聽的手續比想像的簡單，只需到接待櫃台出示一下身分證。旁聽席設在三樓，俯瞰會場，但以玻璃螢幕與會場完全隔離；二樓有一個供媒體人員專用的區域，寬大得多，但被記者和攝影設備擠得滿滿的。在直接觀看會議廳內情況的同時，也可以觀看旁聽室內的大螢幕，上面更清晰地出現質詢者和答辯者的面部特寫鏡頭。

質詢按嚴格的時間規定和程式進行，議長高高在上地端坐主持，時間快到時響鈴提示，時間一到就掐斷擴音線路，使任何滔滔雄辯都只能

嘎然而止。答辯人是臺北市市長郝龍斌，他與質詢的議員相對而立，其身後兩邊大約有三十來個市府各局處的負責人，分三排坐著，隨著質詢的內容，總有兩三個相關官員自動起立走到郝市長身旁，遞上有關檔資料，低聲提供意見，或是直接出面解釋情況。質詢的一方總是三個議員一組，看來有明確分工，發動攻擊和闡述問題的重點各不相同。

第一節質詢的是捷運文湖線的問題，內容相當專業細緻，我非常專注地聽了一陣子，大致明白問題集中於兩點，一是捷運線機電工程有過15 億新台幣的調價，議員懷疑不合法，是有關單位元與工程承包公司勾結，增加 15 億元之後拿了回扣。二是捷運文湖線的可用度並未達到郝市長當初承諾的 99%，通車之後因為系統持續不穩，本來應為無人駕駛改為增加隨車人員，他們的加班、誤餐等費用使得每月營運經費增加近 1000 萬，議員呼籲政府要看緊民眾的荷包。市府方面則宣稱調價和增加費用是不得已且於法有據，對於官商勾結拿傭金的說法，郝龍斌憤慨地加以否認，並保證如果檢調部門介入調查，市府將全力配合。

出乎我預料的是，議員在質詢中態度異常兇悍，他們的質疑和指責如連珠炮一般轟向郝龍斌市長，對於點頭哈腰、唯唯諾諾解釋的局處官員不是不屑一顧就是大聲喝斥。看得出來，郝龍斌本是個性極強之人，他一直極力忍住脾氣耐心回答，只是在議員們對市府官員的操守表示懷疑而使用「尸位素餐」之類人身攻擊的言詞時，態度才稍微強硬一點，略加反駁。但議員似乎有恃無恐，對市長呼來喚去，每次出示證據或把資料顯示在身邊的展板上，都揮手把市長招過來，說完又揮手叫他回原位。而他們對情況的熟稔，出示資料之豐富詳實，使人明顯感到他們工作於資訊相當透明的環境中，而且有得力的專業團隊服務。

適應了質詢的緊張激烈氣氛後，我對市府官員可憐巴巴狀態的同情也消失大半。當然，議員們的兇悍態度可以稍微收斂一點，但議員們的有恃無恐，是否是因為他們自覺代表了主人？而官員們的恭順，又是否與他們的「公僕」身份一致？這是否才是理順了的主僕關係呢？我在硝

煙瀰漫的質詢戰場上作無邊遐想。

　　第二節質詢的是臺北市淡水河的整治問題。議員們說到此事時一派怒火中燒的樣子，他們上來就用視頻顯示當初郝龍斌競選市長時拿治理淡水河大做宣傳的畫面，重播他承諾 4 年之後使其成為落日大道暢想中的華美圖像，緊接著播放幾天前自己拍攝到的影像，只見淡水河面死魚漂浮，河區交通擁擠不堪，兩組畫面形成了強烈的對比，使人產生深刻印象。郝龍斌引用水質分析數據答辯，說明市府治理淡水河花了大力氣，也取得可觀成效，但因八八水災產生回流，致使部分成果付諸東流。

　　議員們不依不撓，亮出了具有殺傷性的武器。他們說，據調查，淡水河整治工程的承包商弄虛作假，已發現 200 多張單據有問題，涉及費用高達 400 多萬元，另外，還發現他們並非按合同挖排河中淤泥，而是挖取河沙，運出去賣錢，議員懷疑其中是否有官商勾結的問題。郝龍斌除了在一些具體問題上分辯解釋，完全承認他們也掌握了承包商不履行合同、弄虛作假的情況，並向議員們索要證據，表示一定認真追查處理，決不寬貸。這一節的交火比上一節還要猛烈，議員們聲調高、火氣大，但最後收場時氣氛似乎比較合作，郝市長對民意代表的監督批評表示感謝，而議員們叮囑市府切實兌現承諾，明年 7 月再見時不要像今年。

　　我邊聽邊想，感到在民意代表和行政官員激烈的攻防戰中，得益的是大眾與社會。其實，官員也是直接的受益者，有這麼厲害和挑剔的眼睛盯著，如果有人想走向貪腐歧途，事先自然會三思而後行；有這麼兇狠的揭露和抨擊伴隨著政府機器的運作，在釀成大錯之前發現問題並糾正錯誤的機率會高很多。

　　我長期研究政治哲學和政治理論，從書本知識而言，對議會政治已經有相當了解，但是，實際觀摩下來，還是有大長見識的感覺。

大街上激烈而有序的抗議活動

張鐵志博士主持 11 月 21 日南方朔的講座「60 年代的『破』與『立』」，我是讀《南方週末》的專欄文章時知道他的，講座之後他告訴我，第二天在臺北市中心將有一場「秋鬥」大遊行，表達各類弱勢群體的呼聲和抗議，建議我去看看。看來，張博士是一個有強烈社會關懷的學者。

秋鬥行動起源於 1988 年的工人運動，上一次行動是在 4 年前，目前這次是第 18 次行動，基本口號是「秋鬥再起——把國家還給我們」、「消滅政商壟斷、實現社會正義」。22 日中午 12 點之前，集會遊行人員在行政院原住民委員會前集合，在簡短的演說和一陣口號之後，遊行隊伍向行政院勞工委員會前進。望著顯得浩浩蕩蕩的隊伍，我初略估算了一下，人數總共可能只有 300 左右，但因為有大大小小 10 來輛車，中間夾以各種旗幡，在路上逶迤近 200 米，甚是壯觀。事實上，在遊行隊伍前面開道和斷後的 10 來輛警車，以及幾家電視台的即時轉播車為遊行隊伍壯大了聲勢。幾個小時的遊行、集會過程中，發生了幾次阻斷交通的情況，但都不嚴重，行人和遊行者都聽從員警的指揮和疏導，沒有衝突，沒有抱怨。

這次行動從原來的工運和工會的範圍大大擴大，注入了各種新的社會力量和訴求，比如原住民、農民、環境保護、守護家園反對遷移者、愛滋病感染者、同性戀者、性工作者等等，參加的社團共有 37 個。工會的口號有：「還我工會自主，反對國家干預」、「還我勞基法，還我穩定工作」；愛滋病感染者權益促進會的口號是：「反愛滋汙名與歧視，落實基本人權，不再只有同情，更要尊嚴」。最新鮮的是性工作者的口號，除了「性工作者除罪」，還有「不管專區紅燈區，保障低層娼妓才是好區」。口號聲連綿不斷，通過高音喇叭震耳欲聾，人群中的呼應也有力而熱烈。

對我來說，最代表台灣街頭抗議活動特色的一幕是集會者與員警在原住民委員會門前的對峙。在發言及呼過口號之後和動身遊行之前，隨著一聲號令，口號和呼叫聲大作，隊伍猛然緊密聚集，作出向裡面衝擊的態勢，原來分三排站在門前的幾十名員警頓時緊張起來，周圍分散站立的員警也加入守衛隊伍。集會人群猛然衝向前，但在達到與員警臉對臉、胸對胸的距離時卻停止下來，沒有發生衝撞和推搡。在更大的口號和呼叫聲中，面帶怒相的人們紛紛把標語、文宣素材等紙片揉成一團，以扔石塊、磚頭的姿勢猛力將紙團扔進員警群中。奮力進擊的姿勢與紙團成弧線緩慢落下形成有趣的對照，沒有一個紙團是對準員警的面孔打過去的。

當大隊伍開始遊行時，有 10 來個集會者留下來揀拾紙團和其他遺留雜物，留下一個片紙不存、乾淨異常的場地。見此情景，我問一個帶頭模樣的員警，遊行者是否有申請，是否與他們有溝通、有默契。這個警官只承認有申請，其實我明明看見，在衝擊之前，遊行隊伍中有人出來在他耳邊嘀咕。

第二站是行政院勞工委員會，遊行隊伍一點鐘時到達這裡。因為該委員會門前有一個小廣場，遊行的表演活動在這裡進行。最引人注目的是由工人組成的「紅人隊」舞蹈，他們每個人把赤裸的上身和面孔塗成紅色，表示對於在工會自主、勞動派遣等方面受到體制欺凌的憤怒。他們邊舞蹈邊高呼：「工作不穩，工人火大！」、「工作不穩，人民火大！」、「我們火大得很！」還有一個節目是人們緊跟著一頭模型牛揮舞旗幟並呼喊口號，這頭牛是創作者組工會的若干藝術家花了 3 天時間精心製作出來的，有藝術性、栩栩如生，牛的尾巴極長，可以供好多人抓住，形成一個團結而有戰鬥性的隊伍。在這之後，這頭長尾牛就一直是遊行隊伍中的一道風景。

我發現，在台灣的遊行、集會活動中，人們的標語、口號或製作的象徵性圖像都鮮明、粗獷、生猛，原汁原味地表達示威者的心聲，沒有

加工提煉成具有意識形態正確性的，可以占領道德制高點的東西。

第三站是行政院衛生署。令我吃驚的是，這裡的員警比前兩個地方多，而且多半手持長木棍，對我來說，氛圍顯得緊張和嚴峻，但對於遊行示威者似乎沒有變化。口號和發言的內容照舊激烈，與醫療衛生問題相關，比如要求保障貧困弱勢群體的健康權，落實工傷、受災者的醫療權，抗議醫療財團化等等。同性戀者要求婚姻權，性工作者要求行業合法化的呼聲在這裡特別高昂。講演者還針對眾多員警說：「我要告訴員警朋友們，你們辛苦，我們更辛苦，我們被你們欺壓幾十年了！」

從看到集會者向員警猛力扔擲象徵石塊的紙團，到工人組成的「紅人隊」狂呼「我們火大得很！」，再到現在聽到對於員警直接控訴和抗議，我感到，人們對於社會、對於生活不可避免地有很大的不滿，這種不滿需要發洩，也應該有機會和管道得到發洩。在某種意義上也可以說，遊行示威，發表演說和呼口號，除了引起社會和當局對於弱勢群體處境的關注，還能夠產生高壓蒸汽容器緩緩打開壓力閥的作用，只有習慣於氣流衝出的尖叫，才會對容器不會突然爆炸懷有信心。

秋鬥遊行的最後兩站是行政院和總統府，結束得和平而圓滿。

2014 台灣人權之旅

我下一次參訪台灣，是在 2014 年 4 月 18 日至 24 日，為期一周，由文化台灣基金會邀請和安排。

此行我參觀了寶藏巖國際藝術村、華山社區發展協會、華山 1914 文創園區等項目，對台灣基層社區的豐富多彩的活動和巨大的活力有真切的體認；我還參觀了慈濟關渡園區，活動結束之後又自行參觀了佛光山和中台禪寺，台灣各種宗教組織廣泛地、強有力地介入世俗公益活動的現象使我深受啟發、大開眼界。儘管如此，就我的關注重點而言，我

還是寧願把此次參訪稱為人權之旅，通過參觀景美人權園區、鄭南榕基金會和綠島人權園區，我對台灣實現民主和維護人權的過程與經驗有了更深切的了解和認識。

在我飛抵台灣的當天下午，就去了景美人權園區，參觀時一路心情沈重，好像又回到了那個風聲鶴唳、人人自危的白色恐怖的年代。除了觀看舊地舊物，還與當年被關押在這裡的受難者吳俊宏等人作了交流。第二天上午去鄭南榕基金會和紀念館，這是烈士當年經營《自由時代雜誌社》的舊址，整個參觀過程中，我的心情無法平靜，鄭南榕捨生取義前那撕心裂肺的怒吼，彷彿就在耳邊鳴響。

那一天來參觀的人很多，有一大群是清華大學的學生，還有一大群是中學生，看到他們專注聽講和熱烈討論的模樣，我心中甚感安慰，看來下一代是不會忘記過去那可悲歲月的。23 日去綠島人權園區，離開前乘車環島周遊了一圈，這是一個風景如畫的小島，可惜的是，它曾經是囚犯插翅難飛的監禁重地。

透過參觀兩個人權園區和鄭南榕紀念館，我更加真切地體認到維護人權和爭取民主是一個長期、艱苦的過程，站在自由和民主一邊的人士敢於奮鬥和犧牲，是人民取得民主勝利必不可少的條件。很長一段時間以來，大陸知識分子出於對大陸、蘇聯東歐經驗的總結和對台灣經驗的認識，特別強調統治集團，特別是最高統治者中出一個蔣經國或戈巴契夫式人物的重要性。其實，台灣經驗顯示出，民眾的爭取、鬥爭和犧牲才是最基本的動力。一些覺悟和勇敢分子喚起民眾與社會，才形成了爭取民主最可靠的動力。只有廣泛的社會動員才有可能形成動力和壓力，才有希望在民眾和執政高層之間形成互動，最後以付出較小代價的方式逐漸實現民主。

氣氛熱烈的「思沙龍」講座

我最近一次訪問台灣是在 2018 年 7 月 6 日至 20 日,在 7 月 7 日的思沙龍活動中做了演講,就 1968 年世界範圍內的青年學生造反運動與臺北的學生和社會民眾進行了互動交流——這是我這次訪問的主要任務,另外,在兩周的時間內,在臺北和知識界、文化界、學術界、科學界、新聞界等社會各界人士接觸交流,還在宜蘭和花蓮等地參觀訪問了基層社區建設、新型農業產業轉型,文物古蹟保護等項目。

7 月 7 日,我在王健壯先生的主持下,做了題為〈1968:形形色色的造反〉的講座。因為活動的組織者把講演的主題定得好,活動的準備工作安排得非常周密、細緻,所以演講過程順暢、氣氛熱烈,達到了讓聽眾全面了解 1968 年西方工業化社會與中國青年學生造反運動的目的,演講之後的交流互動環節也頗為成功。我對講座做了相當認真的準備,花了大量的時間研究問題、撰寫講稿,因為自從接到邀請之時,我就感覺到這次活動的分量之重,活動組織者寄予的希望之高。

2018 年是 1968 年席捲全球的學生造反運動 50 周年紀念,基金會的活動以啟發台灣青年一代的思考為出發點,這個話題的重要性自不待言。在 2018 年春季,基金會就已經組織了 3 場關於紀念 1968 年西方世界學生運動的活動,分別論及美國、法國、日本的 1968 年學生運動,應邀的講演者都是學養深厚、研究專攻有術的學者,而這一輪的夏季講座自成一個系列,邀請了包括本人在內來自中國大陸的 3 位學者,講演題目各有特色。活動組織者之用心良苦,我自有感應,能躬逢其盛,也深感榮幸。

我的講演話題涉及 1968 年世界各地青年學生的造反運動,這個話題非常重要,同時也很容易使人產生誤解,所以,講演一開始我就向聽眾發問:「我們是否可以認為,在 1968 年有一個世界性的學生造反運動,其目的是要推翻資本主義的統治,而在中國和發達的工業化國家中的學生運動不過是這個總潮流的支流?有人認為,西方國家的學生運動是對

中國的文化大革命的響應，我們要問，這個說法對不對？」

對這兩個問題，我斷然給與了否定的答覆。接下來，我詳細分析了幾個主要國家學生造反運動所具備的完全不同的特徵，並指出，在西方青年學生的造反方興未艾之際的 1968 年，中國的造反學生已被領袖拋棄，趕下了政治舞臺。而更重要的是，中國從來沒有出現過與西方青年學生相對應的類似造反。

在中國，1968 年的突出特徵是鎮壓和逮捕。我強調指出：「中國學生與西方學生的重要區別是，中國學生的主流在造反運動的末期對於自己的造反行動有反思，許多人從文化大革命的迷夢中驚醒，思想上發生了一種從狂熱到理性，從盲從到獨立思考的反叛。他們的批判性思考使得他們程度不等地否定了文化大革命，否定了對於毛澤東的個人崇拜，並開始對中國的社會制度重新思考。」

作為講演者，我對本場講演的主持人王健壯先生印象深刻，極為佩服。王先生為台灣大學歷史專業畢業，曾留學美國，學養深厚，他本人就是「思沙龍」今年春季關於 1968 年美國學生運動講座活動的講演者。另外，王先生表現出罕見的反應敏捷，語言生動有趣的特質，他的主持調度為我的講演大大增色。

聽眾中看來藏龍臥虎，聽得出來，有的人歷史學知識豐富，社會閱歷也不一般，他們的提問和評論相當尖銳，把事情都說在關鍵點上，使講座在問答環節中不時濺起思想的火花，氣氛很是熱烈。

比如，聽眾席上的《旺報》社長黃清龍提問：「相比台灣是『文青治國』，中國目前正被『知青治國』，許多當權者都是當年上山下鄉到過農村的知識青年，知青是如何治國的呢？」

我回應道：「當初很多人認為知青吃過苦，因此深知民間疾苦，這對他們治國會起正面作用，但也有人並不這麼認為，他們（比如李澤厚）分析指出，文革知青一代受過磨難，知曉國情，但也善於權鬥，掌權後

『不是曠世奇才，就是大奸大雄』，而我認為結果應是後者，即使這些前知青了解中國底層，但是對他們的治國理念並沒有產生正面作用，『他們在內心深處還是小毛澤東』。」

參觀基層社區

我在花蓮參觀了吉安鄉的一個新農業單位和豐田鄉牛犁社區的一個綜合建設聚落，給我留下的印象非常深刻。前者把農業的改造更新與科技支援、企業發展與市場開拓連為一體，開闢了一條可持續發展的廣闊道路，後者在社區老人關注和挖掘發揚本地文化資源方面形成了一整套成熟的經驗，我由此看到了台灣社會的活力和文明的程度。

吉安鄉「花東菜市集」的負責人彭昱融帶領我們參觀了他指導的大田作業和他的公司辦公地。田裡種植的是從南美洲引進的菊花，製成品可以用作飲料，有比較高的經濟價值。當然，從種植、田間照護到收割，都需要彭先生的技術指導。田主正在農地幹活，看來正是農忙季節，他的老父親也趕來下田幫忙。此外，還有一隊大學生，利用假期，趕到這裡支援農村。我們品嘗了現場採集的新鮮菊花，對田主做了比較詳細的訪談，可以感受到，田主是勤勞而有上進心的，而彭先生在技術、經營、銷售方面的指導，則發揮了關鍵的作用。

牛犁社區的總幹事楊鈞弼在百忙之中抽出大半天時間親自接待我們，詳細介紹社區的建設和活動，這些活動是針對不同年齡層、不同生活條件和身體狀況的居民進行的。楊先生是一位精明強幹的粗壯漢子，真想不到他在籌劃社區老人活動時表現得心細如麻，對老人的問題、習慣、心理、需求有無微不至的關照。最後，他開車帶領我們參觀社區內的文物古跡，我完全沒有想到在台東一個非常普通的社區內還有那麼多有價值的文物和古蹟，而且被保護和管理得如此之好，吸引不少外地遊客到此參觀遊覽。

在花蓮，不論是參觀基層社區建設還是對於農民的支援扶持，我認為其中最突出的特徵、最值得強調的因素是各方面人員的自發性、自願性，生產經營活動與市場的經濟規律之間的天然聯繫。如果沒有這樣的自發性，如果不是高度尊重和順應商品經濟的自然規律，那麼事情就不能成功，開展起來之後也不能持久，而只能是一些依靠經費支撐的、僅供參觀的樣板而已。

就在我參訪花蓮的前後，我得到來自大陸河南的消息，聽說那裡正在強行貫徹執行中共中央的關於「精準扶貧」的命令。按照這樣的命令和指示，基層政府的官員和公職人員必須到指定的村子裡去做指定貧困農戶的扶貧工作。表面的命令和督察措施異常嚴苛：上級每晚 6 點與下派人員進行視訊通話，檢查下派人員是否與村民同在一起，是否偷偷溜回自己家中。儘管有這樣的強迫命令和嚴苛的監管措施，但所謂「精準扶貧」還是很難取得進展，因為下鄉扶貧人員既非自願、又無熱情，他們既不能提供知識技能，又不能提供經營管道。扶貧幹部紛紛抱怨：什麼「精準扶貧」，除非我們把自己的工資拿出來與貧困戶平分！顯而易見，即使是在扶貧這樣的問題上，制度和政策的作用也是巨大的，甚至是決定性的。

這是我的第五次台灣之行，雖然以前來過多次，但這次參訪完全沒有重覆感和疲勞感，因為台灣吸引人、啟發人的事情、人物、活動實在太多，台灣是一個充滿活力與進取精神的社會，台灣是一本一個人一輩子也看不完、學不盡的大書，再加上台灣人的人情味和體貼感，使人感到，參訪過程從頭到尾都是在吸收，都是在充電，每天都有體悟，每天都有收獲。當然，我的五次參訪，每一次都比上一次的觀察和體會更深入，如果說開始是以新鮮、好奇、敬佩為多，那麼到了這次，已經對於台灣面臨的挑戰和困境有所了解和思考。

台灣好，我願為台灣祈福。

第十二章

員警如影隨形

隨時遭到監控

和絕大多數中國人一樣，我不喜歡與員警打交道。員警找上門來，一定意味著發生了某種不同尋常、不祥的事情，所以，中國員警的口頭禪是：「你沒有事？沒有事我們怎麼會來找你呢？」確實，中國人早就養成了一種良民心態，認為員警的出現，提示了某種違法的事情業已發生。員警，不管有沒有穿制服，都象徵著神秘的力量，他們無所不知、無所不能，他們可以玩弄小民於股掌之中。員警是日常生活中的恐怖因素，他們的到來要麼表明大禍即將臨頭，要麼讓你的生活蒙上陰影，使你疑神疑鬼、自我折磨、心神不安。

大約從 2006 年起，員警進入了我的日常生活，我知道，在中國有相當一部分公民，因為自己的思想、信念、文字、交往，員警是他們生活的一部分。一開始，我很憤怒，但到後來，就像其他人一樣，不得不接受這個事實——這是我生活中最討厭、最醜惡的事實。

雖然與員警打交道已有多年，但面對這些人，甚至在他們離開後，我從來沒有平靜過。每次見面、交談都是一次反抗，有時是用心應對，有時不客氣的話脫口而出。和其他人比起來，我受到員警的對待可能是最不壞的，但內心受到的傷害絕不是最輕的。我從不放棄抗拒的努力和姿態，這是在捍衛我的尊嚴，捍衛正常的生活。

前往捷克大使館遇截

2010 年 10 月 21 日下午 5 點 15 分，我走出社科院大樓的電梯，盤算著時間：捷克大使館的文化活動 6 點開始，新任大使約我們早一點，

即 5 點半到達使館，先與他喝咖啡，再參加活動，還有 15 分鐘，正好夠走到使館。

下午 3 點剛過，我接到 JJ 的電話，說崔衛平已經被攔在派出所，不讓去使館赴會。其實上午我就接到衛平的電話，說學校（北京電影學院）對她發出警告，不許去使館。我叫 JJ 盡快把消息告訴外界，並注意與我保持聯繫。

接著，我接到一通來自香港的電話，問我此事，我證實了確有其事。再接著，我接到衛平的先生來電告知此事。又過了一陣子，衛平本人從派出所給我打來電話。我即刻致電使館秘書 M 女士，告訴她崔教授無法前往使館參加文化活動，請她轉告大使。

既然警方為了阻止衛平參加大使館的活動，在七、八個小時前就對她採取行動，而我一直安然無恙，我想我去得成，完全沒有被阻截的心理準備。

但當我一走出電梯，就被 4 個人圍住，要我去院保衛部。我說我要先打個電話給家人，他們堅持到辦公室去打，看來不想在大庭廣眾下引起喧嚷，我看他們堅持，而且估計這通電話確實打得成，便同意了。那裡有一個牌子，叫做「維穩辦」，我驚訝地知道，社科院裡竟然還有這樣一個機構。

院裡的人指著一個帶頭的人，介紹說是「市局」的。問我要去哪，我把情況說了，強調是參加文化活動，上半部分是畫展，下半部分是音樂。其實活動內容他們知道得清清楚楚，被他們監控的電子郵件說明了活動的詳細內容。但他們宣佈：不讓去。

以前我以為在這種場合會控制不住自己，會厲聲斥責，但沒想到當事情真正來了的時候，我完全能控制住，也不知道為什麼，我突然變得異常冷靜。想罵就罵，想談就談，不想談就閉目養神，甚至能冷靜地決定不必在每一件事情上講道理、占上風，看穿對員警講道理根本沒用，

想說服他們完全是白費口舌。

那個為首的員警姓楊，身體壯實，臉上有橫肉，人很兇，明明侵犯了公民的人身自由，還不肯採取陪笑臉的策略，企圖與我論理，爭個輸贏。他看我在談話中宣稱「一切透明」，想一點一點地掏我的話，講出如何組織關於劉曉波獲諾獎簽名信一事，我當然不談，他用我的話「無事不可對人說」來激我。我說：「我固然沒有任何可隱瞞的，但事實證明，你們會歪曲人們說的話，利用這些話做成陷害人的證詞，我當然什麼也不說。」他拿我一點辦法都沒有。

捷克使館的 M 女士電話打到我的手機，我用英語把情況詳細說了，請她轉告大使。協助員警行動的社科院「維穩辦」的一個年輕人大概能聽懂幾句英語，以為可以撈到幾根稻草，指責我與外國人有聯繫，不愛國等。我正氣不打一處來，這傢伙竟敢往槍口上撞，我大發雷霆，訓了他一通，我最後說：「你們毫無理由地阻止公民的正常活動，在光天化日之下剝奪公民的自由，幹了這麼赤裸裸非法的事，還有臉給我談什麼『愛國、守法』，真不知天下還有『羞恥』二字！」這小子一句話也沒有回，在往後的時間裡老實多了。

過了 6 點，這幫人要吃飯，他們要我跟著一道出去，進飯館。我堅決不去，他們買回來一些盒飯，再三邀我吃，我堅決拒絕了。我宣布，我的飯必須得回家吃，假如扣我三天，我就三天之後吃。我確實是作了這樣的準備，下了這樣的決心。如果我同意跟他們一道進飯館，他們一定會趁機胡吃海喝一頓，反正都算在我這個「項目（任務）」上，這次，這幫人只能在辦公室裡吃盒飯，啃炸雞腿，興致明顯不高，我的拒絕對他們造成的損失是實質性的，想到這點我心中就略微泛起一絲快意。

這幫傢伙一定要和我說話，我怕談政治會忍不住罵人，遂主動談旅遊，結果大家都談得十分投入。那個市局的楊姓員警附和談了一陣，看我掌控了局面，就不幹了。後來我懶得談，閉目養神，他們說什麼，挑起什麼話題我都不應。再後來，我想抓緊時間看點東西，便把提包裡裝

的一大堆學術刊物翻出來，逐本瀏覽。

8點38分，扣押結束，估計是使館那邊的活動完了。離開維穩辦，坐員警的車回家，我本堅持要自己回去，他們不肯。我提到要把今晚的故事寫出來，院裡的人顯得有些害怕，不斷勸：「沒有什麼好寫的，何必呢！」那個員警則表示他才不怕呢，我說：「我知道你們是什麼都不顧忌的。」

路上，那員警說希望我今後不要做……卻說不下去，我接住說：「不要做你們不高興，不准做的事，而不是違法的事。」他想辯解，說凡是與劉曉波或諾貝爾和平獎有關的事情都是絕對不許做的。我不與他糾纏，沒問憑什麼不許，只是追問他為什麼連使館的文化活動都不准參加，這與劉曉波和諾獎可是一點關係都沒有啊。他說：「原因你自己心裡明白。」

我一聽這話就冒火：「這是你們員警非法剝奪公民自由的口頭禪，我就是不明白。員警凡是無理拘禁公民，根本講不出道理時總是說別人『自己知道』，『心裡明白』，這是天下最不要臉的道理。」

「不要臉」這幾個字看來把這楊員警激怒了，他兇狠地吼叫起來。我本來可以與他爭論，告訴他為什麼這是「天下最不要臉的道理」，但想一想，算了。他可以在對我大叫大吼中宣洩怒氣，那還不如讓他把火窩在心中，慢慢品味、消化。

回家後，我首先給衛平打了個電話，告知她自己剛進門。然後吃飯。

第二天，我發了一封信給崔衛平，告訴她我對前一天發生的事情之判斷。

我認為，昨天對我們兩人的扣押純屬對於劉曉波獲得諾貝爾和平獎而喪失理智的瘋狂報復。

首先是報復我們。在扣押期間我明顯感覺到，對於我們那份關於劉曉波獲獎的聲明，他們是極端地懷恨在心。當我說自己是組織者（並且是唯一的組織者）時，員警竭盡全力想掏出組織過程的細節，這當然是徒勞的。但更重要的是，他們更是在報復捷克，我想一有機會，他們還會報復挪威，而且更加瘋狂。

捷克前總統哈維爾一直在國際社會大聲疾呼，抗議逮捕劉曉波，呼籲把今年的諾貝爾和平獎授予他，還有其他知名人士與哈維爾一道簽名。現在看來，中國當局根本沒有反思自己的所作所為，而是歸罪於國際和國內的人士，捷克是他們重點報復和打擊對象。

我們不但是捷克使館的客人，而且是捷克新任駐華大使的客人，明知是與政治、敏感話題無關的文化活動，卻把客人扣押，這當然是做臉色給主人看，不但非法剝奪了我們的自由和權利（這對他們是家常便飯），而且會引起一個外國的不滿和不快，這一點，一般情況下政府是不會輕率從事的；既然這麼做了，那就是經過考慮，就是有意為之。我們知道，這是中國很多沒有教養的粗人的行為方式：用欺壓客人的辦法侮辱主人、發洩其不滿。

這封信加了標題〈他們是在瘋狂報復〉，當然是為了發布。除了給衛平，我還給了一些使館和媒體，不言而喻，也等於是給了員警，包括對我們採取行動的員警。

公然抗拒

那個姓楊的員警顯然不是個善茬，他明明在侵害公民的自由權利，卻要說自己在執法，有道理。這種恬不知恥的態度有時會激發我的鬥志，我寸步不讓地與他爭辯，他沒有在任何一個回合中占到上風。

聽朋友說，一般員警在執行任務時都採取息事寧人的態度，私下

向當事人表示，他們不過是奉命行事，混一口飯吃而已，希望當事人理解配合，大家都過得去。還有的員警甚至表示佩服當事人的人格，請求對方理解自己的苦衷。不管這種態度有多少真實得成分，而實際上是讓員警輕鬆地完成自己的任務，但既然他們是一定會達到目的的，這種態度讓雙方都有台階下，還是比較明智。當然，這種情況的發生有一定的範圍和條件，前提是已經確定員警不會抓人打人，不然，員警何苦陪小心？在 2008 年之後我聽說的許多事例中，員警是蠻橫粗暴的，他們張嘴就罵、抬手就打，對待女性也如此，完全沒有策略一說。

不過，我與楊姓員警打交道的時間不長，後來換了其他人，也不知道原因是不是他與我打交道不順利。

記得是在 2010 年 11 月 8 日下午，楊姓員警打電話到我家中，說要見面談一談，我說在電話裡談好了，但他堅持不肯，我看「躲得了初一，躲不過十五」，最後只好勉強答應，正要商量時間，他說自己其實已經在我家樓下，於是他和另一個年輕員警兩分鐘不到就進了我的家門。

這次談話聚焦一個話題，就是 10 月 14 日由我、崔衛平等發起，100 多位各界人士首批連署發表的關於劉曉波獲得諾貝爾和平獎的聲明，我們支持和讚揚挪威諾貝爾和平獎委員會的頒獎決定，呼籲中國當局以理性和現實的態度對待劉曉波獲獎一事，兌現有關政治體制改革的承諾。楊姓員警詳詳細細地盤問聲明出臺的經過，誰發起、誰起草、誰聯繫聯署人、誰發布的等等。我當然不會如實相告，只是按預先的約定，說發起組織者就是我一人，由我負全部責任。

楊姓員警挖根刨底地訊問，叫那個年輕的員警拿出紙和筆做記錄。對於員警要做筆錄，我已有心理準備，在前兩天，他們已經對崔衛平這樣做過了。我們由此感到事態有些嚴重，他們似乎是在當成一件案子在辦，目前正在走收集證詞證言的程式。我還明白，現在對我做的只不過是一種形式，我們醞釀、起草、發布聲明時沒有，也做不到秘密行動，而員警的監控從來沒有停止，我們的商量準備工作進行了整整三天，電

話、電子郵件等聯繫一直在密集地進行，整個過程，每個人的作用員警應該知道得一清二楚。我想他們也懶得弄清楚具體的真實情況，只要有人承擔責任就夠了。

楊員警盤問我時露出心滿意足的神色，似乎他自己也感到正把一張細密的網向我撒來，而那個年輕的員警筆下刷刷地記得很用心，我心中一陣冷笑：「使勁記吧，沒有用的！」

詢問完畢，楊員警叫年輕員警把那幾頁紙遞給我，要我好好讀一遍，如記錄有誤可以改正，然後簽名。我把早就準備好的話拋過去：「我不看，也不簽名。」

楊員警完全沒有料到我來這一手，他很吃驚，也很生氣，他問為什麼，還攻擊我自己說的話都不敢承認。

我悠然地回答他：「我對自己做過、說過的，都負責任，都承認，因為我在做事和說話的時候從沒有忘記法律，所以我沒有什麼可怕的，我也不擔心記錄有誤。但是，我知道完全有這樣的可能，你們把這份記錄中我說的話掐頭去尾，重新組合，按自己的意圖解釋，變成誣陷我或者其他人的法律上的證詞。你們在對劉曉波的判決書中就是這麼做的。」

北京市第一中級人民法院關於劉曉波的刑事判決書中列舉了十多項證詞，包括劉曉波妻子劉霞和他的一些好朋友說的話，用來支持對於劉曉波的指控。我看到這些話馬上就明白，這些都是一般性的事實陳述，而不是對於違法活動的指陳，本來就沒有想到要隱瞞和否認，但它們也一定不是在明知官方要收羅誣陷曉波的證詞時出於配合作出的，而是官方以欺騙手段，利用人們光明磊落的「無事不可對人言」的心態在其他場合得到這些證詞而移作他用。我知道幾個朋友對此的抱怨，並親自聽到劉霞氣憤地談到事情的經過。對於少數知道事實真相或有分析頭腦的人來說，北京市一中院的判決書中那些移花接木的證詞不說明任何問

題，但對於多數不明真相的人來說，會或多或少產生「官方似乎還是有一些證據」的印象或「怎麼劉曉波的親友都揭發他」的疑問。

我堅信，我的言論和行動絕對是說得清楚的，但是，我絕不當被員警利用、陷害的「老實人」。你們可以幹掉我，但你們休想讓我先挖一個坑，然後一腳把我踹進去！

楊員警看來對北京市一中院判決書的事很熟，他嘟嘟囔囔地說：「那些人本來就是說了那些話的嘛，後來在判決書上作為證詞公佈出來，受到指責，引起議論，感到受不了，又說另外的話，又想否認。」我了解曉波的那些朋友，我知道他們太堅信自己和曉波的光明磊落，他們不是懊悔說了老實話，而是震驚於司法當局的無恥。我只是做出一臉冷笑聽他說，懶得反駁。

楊員警好說歹說、軟話硬話，我則是一口回絕：「不看，不簽名！」

他們只得悻悻離去。

自那以後，我再沒有碰到過這個員警。

後來和我打交道的員警一個姓郝，一個姓賈，自我介紹說是「北京市公安局文化保衛處」的。好像從這兩個人起，他們的分工就比較固定，沒有其他員警來找過我。兩個人中，一般是賈員警出面，只有在 2010 年 12 月 10 日，諾貝爾和平獎頒獎典禮在挪威奧斯陸舉行的時候，他們把我從家裡帶到北京郊區昌平縣一個住處，作為副處長的郝警官才上陣執行任務。

有件事我一直沒有忘記，根據《公安機關人民警察證使用管理規定》第四條，員警在執行任務時，應主動出示員警證表明身份，但與我打交道的員警我都記不清有多少批、多少人，從來沒有人向我出示過他們的證件。從這件事可以看出，他們根本沒有把國家的法律、規定放在眼裡。

我不怕員警

大約從 2006 年 2 月下旬開始，每年所謂「兩會」前員警上門打招呼，就成了慣例。這種打招呼行動對我個人而言表面上是很溫和的，就是員警上門，東拉西扯，問問「這一向幹些什麼」，假裝漫不經心地提到「就要開兩會了，注意一點」等等。這其實是對人的尊嚴，對公民權利的赤裸裸的侵犯。

經歷過上世紀 50 至 70 年代中國生活的人都知道，那時有一個規定或慣例，每臨逢年過節或者有什麼國家大事，員警（在農村則是黨的書記、民兵隊長或其他顯示「專政力量」的人物）就會把他們所管轄地區的「五類分子」（地主、富農、反革命分子、壞分子、右派分子）召集起來訓話，告誡他們「只許規規矩矩，不准亂說亂動」，「無產階級專政的鐵拳頭是厲害的」，「別妄想在節慶的日子搞鬼！」這個傳統大概終止於 80 年代初，從那時起，「階級鬥爭」和「專政理論」不再是國家政治生活的主旋律。現在，員警居然把早就過時並且廢棄了的作法──特定日子對壞蛋和危險分子打招呼、發警告──又用到知識分子身上，這怎麼不令人氣憤？

這樣做的荒謬與可笑還在於，如果我們認真對待所謂「兩會」，那麼它們應該是這樣的時候，比平時更加讓人想到自己是國家的主人，自己行使公民權的自由是得到憲法保障的。如果在這樣的時候人們理應有一種對於自己的國家，對於自己的公民身份的神聖感或尊嚴感，那麼員警在這個時候的故意出現就是對這種感覺的褻瀆。當人們僅僅因為表達了獨立的政治見解就要被員警的陰影籠罩，就要被視為不良分子、潛在的威脅社會的人，那麼員警貶損和侮辱的不僅是個人，更是對憲法的嘲弄，是在毒化社會空氣。

當自稱「豐台分局」的員警突然給我來電話，說因為兩會即將召開而要到我家裡來「談一談」時，我本能地拒絕。員警找了一個自以為得

計的藉口，說他們要了解自己轄區居民的情況，關心他們的生活。我立即說：「如果是這樣，那麼你應該對我們小區的每一戶業主都要走訪，而不是專門對我，你是這麼幹的嗎？」他說是，他以為可以隨便亂說一氣來唬弄我。等他下一次又來找我時，我告訴他，我問了住同一棟樓的好幾家住戶，沒有一家在相同時段得到員警的關照，我嚴厲譴責他撒謊，狠狠地訓斥他，弄得他極為狼狽。

豐台員警對我採取的策略是無賴式的死纏，他們從不說強硬的話，就是厚著臉皮要見、要談，而且要在他們選定的時間。其中為首的一個姓楊，要我叫他「小楊」，但我從不使用這種暱稱。他知道自己打交道的對像是教授，於是想裝斯文、裝好求學問，妄圖製造出共同點以便有話可說。他要我把自己寫的學術文章給他看，讓他「學習學習」。

有一次，我說到過幾天我會去北京大學作一個講座，他表示他也想去聽聽，他「很感興趣」，他以為我會對他產生謙虛好學的好印象，而且，他到聽眾中去湊個數會提升我的虛榮心。我老實不客氣地告訴他，我的講座是給名牌大學的研究生做的，他離聽懂還有相當距離。我還告訴他，別以為他在我面前裝學生的樣子是在抬舉我，其實是在抬舉他自己，因為，憑他的學歷或學識，肯定沒有資格做我的學生。

我這麼做是想挫敗他套近乎（攀交情）的努力。平時，我很討厭講究學歷等級，更不會擺教授架子，但現在，對於他的說假話與偽裝，我只好搬弄這些我不喜歡的東西來把他推得離我遠一些。在真正的讀書人圈子裡，我的這些話是很傷人自尊心的，我也在想，這麼說是不是有點過分？但我最後發現，員警對於這些挖苦根本沒有反應，他們原本就聽不懂，用這種辦法來拒絕他們也根本無效。

我相信，和我打交道的員警是因為上級的指示才竭力做出謙恭姿態的，但這些人本來就缺乏教養，而且在中國，員警這個職業賦予了他們超越法律的權力，在他們身上就養成了為所欲為的習性，他們習慣於老百姓怕他們、服從他們，要他們真正尊重人是很困難的。

　　一個星期天的上午，員警來敲門了，是一向來我家的楊員警和另外一人。姓楊的做出慣常的滿臉堆笑，說要進屋來和我聊一聊。我雙手叉腰，把他們擋在門外，我問他們為什麼不事先打個電話預約，我告訴他們，今天是週末，一家人好不容易有個聚會的時間，員警週末找上門來，不但擠占了我們一家人難得的團聚，而且會破壞氣氛。我還告訴他，我兒子回家看父母，都會事先打好幾次電話，第一次是提前三四天，問我們最近是不是很忙，如果不是，約週末回家，然後，在臨回家前還要打一兩次電話，說定回家的具體時間，因為他知道我們很忙，排程十分緊湊。我對員警說：「連兒子回家都是如此，你們員警這麼想來就來，事先連個招呼都不打，那怎麼行！」

　　他們堅持要聊一聊，我堅決擋在門口不讓進。楊員警壓低嗓子說：「我們不要在門外大聲嚷嚷好不好，讓鄰居聽見，影響不好。」我明白這話的威脅和敲詐意味。一般而言，中國老百姓怕員警找到自己，萬一不得不與員警打交道，會盡力避免讓工作單位、朋友、鄰居知道，以免有「遇上麻煩了」的嫌疑。他們的言下之意是：如果你不願意讓鄰居知道員警上門，你就不要在門口與我們爭執，快讓我們進屋去得了。但我不吃這一套，相反地，我扯著嗓子，對著樓道更大聲地嚷，我恨不得讓整棟樓的人都知道我正在和員警吵架，我才不怕呢，如果鄰居來圍觀，我會吼得更厲害。在這個問題上，我沒有軟肋，員警休想要挾我！

　　平心而論，這兩個員警不是蠻橫刁鑽之徒，也沒有要壓制、為難我的意思。只不過他們在中國員警幹久了，平時是說一不二，沒有人敢惹，沒有想到要遵守法紀，尊重別人，他們身上的毛病和壞習氣，是在他們的職業生涯中不知不覺養成的，很有可能他們並沒有自覺到，「別讓人知道員警來了」貌似體貼，其實具有威脅的含義，他們以前可能沒有碰到過像我這樣的人。

　　我發覺，與當代中國普遍的社會風氣相適應，中國員警身上的痞子氣很重，與雨果在《悲慘世界》中塑造的員警典型——威嚴的沙威先生

大不一樣，不像沙威，他們不是法律——哪怕是壓迫者的法律——的化身，而更像無賴，毫不自信、自重，甚至不在自己的壓制對象面前掩飾低下的欲望和行為，既貪便宜，又色厲內荏。我經常回想起一次經歷。

2006 年 6 月 1 日，我搭乘中國民航 CA933 航班，由北京飛往巴黎。

經過邊防檢查時，員警把我帶到一個小房間，搜查我的背包，在放行時，我發現背包裡的一本《亞洲週刊》不見了。我大聲索要我的雜誌，員警說是沒收海外出版物，我問：「那為什麼不告訴我，又是憑什麼理由？」他們根本回答不出來，只是重覆就是要沒收，我不依，這樣一路爭論，鬧到了邊防檢查負責人的那個櫃台。隊長很兇，說依照的是公安部的命令，我說：「這就怪了，我在這裡待了不到二十分鐘，你們哪來得及去請示公安部？」旁邊一個年輕員警涎著臉說：「怎麼不可能？我們已經進入網路時代了嘛！」

我決心抗爭到底，我說雜誌屬於我的私人財產，你們沒收可以，我配合，但必須給我一個收據。隊長完全不講道理地說，就是要沒收，就是不給收據。我質問他：「如果沒收有法律依據，怎麼不能給我收據？你們怕什麼？」我故意大聲爭執，引起過關的中外人士注意，我還宣稱要上告，要訴諸全世界的輿論。這一招見效了，隊長馬上把雜誌退還給我。

其實我的目的並不是要雜誌，而是要和他們較勁。

我說：「剛才你不是說公安部要你們沒收這本雜誌嗎？現在怎麼不執行上級命令了呢？我很願意配合你們的工作，我寧願你們沒收，但不開收據是不行的。」這幫傢伙真是惱怒得不行，尤其是我那平靜、揶揄的口氣。

他們兇狠地叫我快走，那個隊長最後惡狠狠地說：「你自己明白，我們今天為什麼這樣對你！」我不想示弱，回應道：「你們工作得太好了，我可以讓你們的上級知道，也可以讓全世界知道。」

這是無數次中的一次，員警在完全無理的時候就說「你自己明白」。邊檢人員偷我的雜誌，只是因為他們自己想看，而不是檢出了按他們的惡法說來的違禁品，因為，查禁海外書報是擋住由外到內，而我是帶出邊境。

習慣成自然？

2011 年 4 月 14 日，下午 3 點半左右，姓賈的員警又來我家，問我海外媒體約請我寫文章的事。

我前一天接到香港一家刊物編輯的郵件，約寫關於艾未未的文章，重點放在對他本人的認識和交往，我答覆說：「艾未未的事，我很關切也有自己的立場。但我不認識他，關於他本人說不出什麼，對於他的非法抓捕除了憤慨也寫不出什麼深入分析的東西。我想對這件事就不發表文章了。」同一天還接到英國 BBC 一位編輯的郵件，約寫時評。

我分析，他們在繼續執行我稱之為的「零距離接觸」策略：他們想要告訴我，「你的一舉一動都在我們的監控之下，你必須考慮該做什麼和不該做什麼。」他們以「保持溝通」的名義企圖造成這樣一個局面：我的言行是雙方要討論的問題，我需要隨時得知警方對我言行的評價，其邏輯後果就是，我必須接受他們的同意或禁止。

上一次（3 月 25 日），姓賈的員警來，是談「茉莉花革命」集會問題，其間還說，最近一次我們去捷克使館，他們放行了，我去日本，他們又放行了，可見他們是支持正常的學術和文化交流活動的，希望我由此看出他們的善意，與他們積極配合、溝通。這真是霸道和無恥的邏輯：在他們無數次非法剝奪公民正當權利的行為之餘，如果出現一兩次沒有剝奪的情況，就是寬大為懷，就需要感恩，就要對員警有問必答、有求必應。

我絕不接受這樣的格局，我絕不想讓他們以為，我的言行被他們監視而決定是否放行，可以成為常規。他們能夠剝奪我的權利，但休想從我這裡得到認可。

　　員警的所謂「溝通」，就是他們隨時會來，我必須報告我做的事情，以及別人約請我做的事情。當然，我的電話和電子郵件一直在他們的監控之下，他們什麼都知道，但問題在於，他們這種監視是非法的、見不得人的，他們公然來和我討論他們從非法監視中得知的情況，如果不表示抗拒，就等於承認他們這樣做的合法性。他們把一些不加禁止而放行的事情提出來作為示好的籌碼，如果我默認、接受他們的「寬大為懷」，就等於是認可他們干涉的合法性，他們馬上就會以要求「配合」作為回報。

　　雖然我不會把員警當成很高尚和講體面的人，但是我以為他們作為一般人應有的羞恥心還是有的。當我前一天與媒體商量寫稿，第二天員警就趕來說這件事，當西方駐京媒體打電話和我聯繫採訪的事，而剛放下電話員警就來干預，我還是非常吃驚，為他們的厚顏無恥吃驚。沒有拐彎抹角，不是暗示而是明說，毫不掩飾他們的竊聽。

　　我想起以賽亞‧伯林在回憶他見到俄羅斯女詩人阿赫瑪托娃（Anna Andreevna Akhmatova）時得知的一件事：克格勃（The Committee of State Security，成立於蘇聯時代的反間諜機構）趁她不在時在她家裝竊聽器，倡狂和無恥到這種地步，完工後他們居然懶得清理現場，讓牆屑散落一地。我知道，有些心理病態的人喜歡偷窺鄰居的夫妻生活，但我很難設想有人無恥到這種地步，敢於主動找上門說，我看見你們昨晚怎麼怎麼了。

　　我憤慨地責問賈員警：「我的言論自由權是得到憲法保護的，這是與員警的工作無關，員警無權干涉的。你們憑什麼要來對我進行干涉？你今天到我家裡來幹什麼？來與我討論該寫什麼，不該寫什麼，給哪家刊物、媒體寫，公民的言論表達是在員警管理的範圍之內嗎？」

針對他們對我「允許」、「放行」，因此寬宏大量的說法，我質問說：「難道你們員警有幾件事沒有禁止、打壓，就指望我感恩？比如，你們『准許』我今天吃了早飯，中飯也沒有禁止，還『准許』我上街買菜，就要我把這當成是你們的恩德？難道這些不是我本來就有的權利？有些本來屬於我的東西你們沒有搶走，這就是你們的大方，等於給了我什麼東西？你們以為我是小孩子好糊弄，真的要感謝你們？」對我連珠炮式的發問，他無言以對。

談到海外媒體對我的約稿，賈員警冒出一句：「對於海外某些組織與你的接觸，我們是關心的。」我對這句話高度敏感和警惕，我不知道他這麼說是口誤還是精心設計的陷阱。就我的法律意識而言，「與某些海外組織有聯繫」是公民的合法、正當的權利，沒有什麼了不起、見不得人的。但是，在中國當局和員警那裡，這句話有特定的含義，這是他們加罪於人的依據，我必須澄清和反擊。

我用手指著他厲聲說：「你給我說清楚，我怎麼和某些海外組織聯繫了？海外正式的、合法註冊的報刊向我約稿，是公開、正當的行為，我與他們商量寫不寫，寫什麼，是我應有的公民權利。我知道在你們的說法中，『與某些海外組織有聯繫』是一件嚴重的事情，是要治罪的，你這麼說是什麼意思，有什麼根據？」賈員警再三推諉，想搪塞過去。我哪能在這麼嚴重的問題上把他輕易放過，我窮追不捨，直到他明確無誤地承認說錯了為止。

賈員警說，他們關注我寫什麼文章，是因為我的文章「大部分是好的」，也有的文章可能會被別有用心的人利用。我說：「所有的文章都是我有權利寫的，我不與你爭論我的文章的好與不好，我的文章當然有可能是錯的，但文章的對錯好壞都在言論自由範圍，與員警無關。你們根本沒有權利來和我談論我的文章，這不是員警工作範圍之內的事。」

我還說：「關於艾未未的文章我沒有寫，不是因為不敢，不是怕你們反對和懲罰，而是怕素材不夠寫不好，不是覺得不該寫。你們的

無理干涉，使得我倒很想寫一篇文章，題目是〈和諧社會，還是員警國家？〉，把你們對我的所作所為、我的遭遇和感受都寫出來，讓全世界來評理。」

針對賈員警的所謂「溝通」，我明確告訴他，我不歡迎他和任何員警上門，他強行要來，我感到是「極大的冒犯」。

賈員警力圖分辯，我懶得與他多說。我知道他是奉命行事，指責他沒有多大用處，只是要他把我的意思原原本本向他的上級報告。

與員警的纏鬥使人厭惡和厭倦，即使把他們質問得理屈詞窮，把他們訓斥得狗血噴頭，有什麼用？說到底不過是口舌之爭，是嘴上的勝利。他們要來找你，你躲不脫，他們要進你的屋，你擋不住。雖然每個回合都占上風，但我明白那不過是杯水風波，不值得自慰。

但從另外一個角度來說，儘管說是杯水風波，也必須力爭，「一滴水可以反映整個世界」，與員警的鬥法，折射了當今中國社會生活的現狀，是政治高壓與捍衛公民權利之間鬥爭的一個縮影。勝利不分大小，我與員警爭奪的，錙銖必較的，是人的尊嚴和權利。

很多年前，我曾在飯桌上聽劉曉波、江棋生等朋友談到他們與員警打交道的狀況，他們心態口氣的平靜讓我吃驚，在他們的講述中，員警上門，禁止他們出門，把他們帶走，或者與他們一道喝茶、進飯館，好像與日常生活中的其他事情沒有區別，他們講起來，好像在述說自己日常生活的一部分。

我後來逐漸明白，這種平靜是練出來的，如果員警日日、月月、年復一年地找你、問你、抓你，你與員警的關係是如影隨形，你保護自己的最好辦法就是淡化自己心情的氣憤與激烈，如果你每一天都處在強烈的憤怒和反抗情緒當中，如果你對員警的每一次非法舉動都對著蒼天大叫「天理何在」，那你的生命會處在脆弱易折的狀態，你的生活、以及家人的生活是難於持久的。我很驚奇，我的這種轉換來得是如此之快，

進展得如此之迅速。我肯定修煉不到曉波、棋生的程度，但員警迫使我步他們的後塵。

但是，另一方面，我對員警行動的非法性，對他們侵犯人權，剝奪公民的自由，從來沒有喪失新鮮、敏銳的感覺。員警對自己的行為是如此習以為常，甚至人們也跟著習以為常，似乎生活就是這個樣子。但我不，我每一次看待和對待員警的言行，都是站在原點——憲法和法律的原點，這是我們判斷是非曲直的唯一準則。

也許，我不會次次、時時向員警抗議他們踐踏法律、欺壓公民，和他們講道理，很多時候不談他們違法這個基本事實與前提，而是若無其事地、就事論事地、心平氣和地與他們討論面臨的具體事務，比如他們什麼時候，以什麼方式把我帶到什麼地方，但我內心從來沒有忘記、沒有淡化事情的真相和本質。

員警背後是整個現代化國家的強大暴力，面對員警，任何妥協、退讓，甚至屈服都是可以理解的，沒有哪一種服從是恥辱，但是員警的橫行不法卻是國家的恥辱、民族的恥辱。所有被員警侵害而抗拒的中國人，都是在為自己的權利，為國家的尊嚴，為民族的體面鬥爭。

第十三章

六四周年紀念研討會

六四 20 周年

2009 年 5 月 10 日,「2009・北京・六四民主運動研討會」在北京舉行。徐友漁、莫之許、崔衛平、郝建、徐曉、周舵、梁曉燕、秦暉、郭於華、李海、劉自立、錢理群、滕彪、田曉青、王俊秀、許醫農、殷玉生、張博樹、張耀傑參加了會議。

研討會的醞釀、籌備工作早在 3 月份就開始進行。之所以這麼早就著手準備,之所以把會期定在距六四周年紀念之前一個來月,為的是避免員警破壞和扼殺會議。經驗表明,離六四祭日越近,員警越是警覺,採用的防範措施越嚴密。我們只有加大提前量,趁員警的預防措施還沒有達到巔峰時搶先把會議開成。

找一個合適的會議場所很不容易,最好是在一個大飯店的會議室,地方越是正規,會議的效果和影響也就越好。當然,也不能去特別有名的飯店,安全性、隱蔽性,出租方的警惕性等等都需要我們做綜合的考慮。最後,我們找到的是香山別墅飯店,它位於香山公園東門,沒有香山飯店那麼出名招搖,非常清靜。

看來,我們定下香山別墅飯店的會議室是個非常明智的決定,我認為,很有可能,正是因為在這裡開會,才沒有被員警發現而中途夭折。事實上,研討會過程中的任何時刻都有可能被人發覺,因為我們在會議室的一面牆上掛上了大大的紅底白字橫幅「2009・北京・六四民主運動研討會」,我們不能阻擋任何人進入這間會議室,來人只需抬頭一望,就會明白什麼事情正在發生。

發言剛開始時,飯店的服務員就不斷進來,為參會者的茶杯添水,這時我緊張到了極點,趕上前去奪過她手中的水瓶,連說:「我們自己

來。」幸運的是，服務員似乎對會議室裡正在發生的事情渾然不覺，既沒有抬頭看我們的會議橫幅，也沒有注意聽發言者正在說什麼。接下來，我乾脆放一把椅子在會議室門口，坐在上面，眼睛向外盯著，起身迎接每一個打算進入會議室的服務人員。整個開會期間，我如坐針氈。幸好到了後來，服務員們也不怎麼來了，我們的研討會得以善始善終。

研討會涉及了豐富的議題，包括 1989 年六四事件真相、它的後果和意義、六四之後的社會形勢、中國民主進程及前景等。

這天正好也是母親節，會上全體與會者起立，向六四事件中失去孩子的天安門母親致敬；並靜默 3 分鐘，向六四遇難者致哀。

第一個發言的錢理群教授深情地說，他來參加這個會議有兩個動因。一是出於教師的良知，20 年前，許多學生為中國民主事業獻出了生命，他作為教師，未能保護他們，一直心懷內疚，因為保護受難學生是教師的天職，也是北大的傳統。90 年前的「五四」，當學生被捕，挺身營救的就是蔡元培校長。學生犧牲而不能保護，已經欠了一筆債；學生蒙冤至今不得昭雪，如果再不說話，就是愧為人師。其次，是出於學者的良知。政治家可以不為六四平反，而學者卻必須將六四寫入歷史，記載真相，並進行學理的討論與研究。

六四天安門廣場「四君子」之一周舵講了他在 1989 年從 4 月中旬到 6 月 4 日的經歷，其中包含一些不為常人所知的重要事件的細節，這引起與會者的興趣和各自的回憶，並引發了關於「拒絕遺忘還是保持集體沈默」的熱烈發言。

徐曉回顧了自己從上世紀 70 年代起就參與民主運動的經歷，並向大家發問：「作為個人，我們可以做到拒絕遺忘，用一切可能的手段延續記憶；但是，面對一個看起來日益強大、甚至可以影響世界格局的政權，面對一個以實用主義、犬儒主義為主流的社會，我們能夠在什麼意義上堅持與堅守對抗的姿態？」

崔衛平認為：「這麼長時間，我們對於六四集體保持沈默，實際上參與了隱瞞這樁罪行，這使得我們每個人，對於這件事情已經有了一定的責任。」

她還問：「在六四 20 周年之際，我願意向周圍所有朋友提出這樣的問題：20 年來的沈默和隱瞞，給我們社會帶來的影響是什麼？給我們民族的精神和道德帶來怎樣的損害？而我們自己在工作、生活中所受的損失又是什麼？我們還打算繼續沈默嗎？」

莫之許說，20 年來抵抗遺忘的鬥爭獲得了顯著成果，這既來自於市場化、全球化的社會進程，還來自於互聯網的恩惠。這一勝利的成果已然進入了新一代的生活，當他們遇到權力的暴虐時，總是不由自主地將之與 20 年前的悲劇聯繫起來。從而，六四日漸成為當下反對壟斷權力，反對專制政體的精神資源、象徵符號和認同基礎，通過這一紐帶（關鍵），越來越多的人走上了追求自由民主之路。

李海六四時是北大的研究生，因捲入運動而入獄，他談到了六四如何成為自己生命的一部分，以及在六四之後生活、工作受到了直接影響，付出了巨大的代價。他感到現在需要考慮如何降低這種影響，回到一個正常人的生活軌道。

劉自立從歷史縱深的維度，以「啟蒙、秩序和反革命」為題，從思想文化角度解讀從五四到六四的重大變化和事件：「從五四開始的國家主義和個體主義爭奪話語權，轉變成為人民革命；廢黜傳統的文化虛無主義，又轉型為紅色革命文化，繼而消滅一切文化；1949 年代表民主轉變成為獨裁極權；1966 年文革代表極權主義人民運動和極權主義國家統治的結合；改革之 1978 年，代表極權主義取消革命。後六四政權，以建立中國價值，對抗普世價值。」

文化學者張耀傑論文的題目是《根本解決與點滴改良》，對比了五四新文化運動期間胡適的漸進改良主張與陳獨秀、錢玄同、劉半農、

魯迅、周作人、李大釗等人的激進革命態度，認為六四時「假如絕食學生及時撤退的話，既給當局提供了考慮其它選項的餘地，也可以消解開槍鎮壓的理由和藉口。」並建議現在「維權人士也應該提出『剛性抗爭』和『韌性抗爭』的概念」。

秦暉在發言中將六四與東歐前社會主義國家的民主運動在運動模式、結果等方面做了比較。他認為六四民主運動發生在一個組織資源極度貧乏、政府與民眾極度缺乏互信、互動關係的社會中，但中國的學生、市民和知識分子組織較快，訴求和行動都十分理性、和平，幹得不錯。針對六四鎮壓產生了中國經濟大發展的說法，他從歷史學者的角度出發，認為不能從一次事件就總結出歷史規律，他指出，六四鎮壓與經濟發展只有時間的先後關係，而很難證明它們之間存在著因果關係。

研討會多篇論文指出，六四天安門事件是當代中國史的一個分水嶺，六四產生的一個視角是質疑中共統治的合法性。田曉青提出，六四之前的合法性雖然不是建立在民意的自由表達之上，但有一種藉助於革命權威的合法性：自稱爭取自由民主，反抗反動派的壓迫和不義；由宣傳造成的想像——人民政府為人民，人民當家作主，專人民的敵人的政；以及實行改革得到擁護產生的合法性。但六四的暴力卻是純然非法的，消除了有關合法性的想像，自此，權力之依託從合法性轉向有效性（去意識形態化）：暴力之有效性和利益之有效性。改革之道義（政治）目標被取消，黨也從意識形態集團轉變為利益集團。

我在宣讀論文時指出，六四開槍性質嚴重，意義深遠，舊有的意識形態源遠流長、精緻牢固，如果沒有六四的鮮血，人們並不容易掙脫；支撐 1989 年學生運動的精神資源，相當一部分是出自於中國共產黨的意識形態，一個學生運動領袖面臨即將到來的殘暴鎮壓時說，要用鮮血來喚起中國人民的覺醒，此話不幸而言中。六四事件沒有改變中國的政治體制，但它為中國政治體制的改變昭示了緊迫性，並準備了思想條件。

　　六四之後社會形勢的變化發展以及對於現狀的認識和分析，是與會者討論比較集中的話題。

　　殷玉生認為，六四之後，政府的意識形態基本失效，統治靠武力支持下的經濟高速發展，這掩蓋了幾乎所有的矛盾，但從發展中權貴獲益多，底層民眾獲益少，當民眾的覺悟和要求提高時，反抗的成本會降低，而一旦出現經濟危機，將引發社會動盪，進而引發政治轉型。王俊秀說，六四以後中國的變化有兩點，第一、20 年來形成了一個畸形改革的「中國模式」，經濟上表現為低人權福利保障的出口發展戰略，形成了一個資本與權貴結合的新壟斷階層；第二是 2003 年以後興起了公民維權運動，零八憲章正是公民維權運動的進一步發展。

　　梁曉燕談到了「八九」一代年輕人和今天的年輕人思想、精神狀態的差別，她曾經請幾個年輕人看卡瑪（Carmalita Hinton）拍的《天安門》，他們對於「八九」一代年輕人眼神中透露出的天下興亡匹夫有責的精神，感到十分陌生和吃驚。今天年輕人遭受現實生存壓力，生活、思想空間受到極度擠壓，精神狀態呈現荒蕪景象。不過，在這種廣泛的冷漠氣氛中也出現了某種希望，這就是近幾年來大量志願者的出現，他們身上體現的責任和獻身的精神，與「八九」精神有某種程度的相接。

　　維權律師滕彪指出，現在的維權運動是建立在八九民主運動的基礎上的，80 年代民主運動採取當時的形式，是與那時的政治環境相關聯的，而現在的維權運動主要通過個案參與、網路媒體、民間聯合等方式，推進人權、法治，從而推動政治體制轉型。透過維權抗爭的人會越來越多，因為受到侵權的人越來越多，從根本上說是因為極權－後極權體制與人性是敵對的。在互聯網時代，維權的方式更多元化。從甕安事件、楊佳案到三鹿奶粉事件可以看出，現存統治的基礎正在逐步喪失，公民社會力量在漸漸成長，政治轉型一定會發生。

　　郭於華（清華大學社會學教授）指出，要想結束歷史悲劇，惟有真實、徹底地記住歷史——真實的民主運動。惟有歷史的真相是「狼奶」

的解毒劑，而在這方面我們依舊任重道遠。她還指出，當下抗爭的空間是在抗爭過程中撐開的；抗爭能力是在抗爭實踐中產生出來的，不能指望統治集團自動地放權，或釋放空間。

郝建的發言題目為〈從六四民主運動看中國執政者與百姓的受迫害妄想心態〉，他試圖借用心理學中的「被害妄想症」（Persecution paranoia）來分析這種心理狀態對中國政治生活的影響，分析走出這種負面心理狀態的必要性和可能性。從六四前後中國執政者的種種言行來看，他們中的主要決策者存在著誇大威脅、有偏見地選擇證據，從而走向偏執反應的情況。被害妄想心態在中國百姓中也有表現，而在六四之後，過分誇大執政者的能力，過分誇大執政者的非理性狀況成為中國百姓的普遍心理氛圍。

張博樹在其論文中指出：「六四的血腥結局，顯然與當時的中共最高決策者的『敵對思維』邏輯直接有關。在這個邏輯中，真正的愛國者變成了『顛覆者』。20年後的今天，黨專制的體制已經發生深刻的衰變，『敵對思維』邏輯對當政者來說已經徹底轉化為抗拒憲政民主、抗拒人類普世文明、維護黨專制體制的手段。然而，這些年的一個重大變化是，中國民間民主力量已經開始掙脫原來束縛自己的『敵對思維』傳統，我們一方面主張現存體制是沒有出路的，它最終將被真正的憲政民主制度所取代；另一方面，我們不把當政者視為『敵人』，而是人們順應歷史大勢，成為改革的促進者而不再是阻礙者。這是一個更高的道德基點，體現了完全不同的政治思維和政治文化。」

在會議自由討論的環節中，針對「以流血換取穩定」的說法以及六四鎮壓與經濟發展之間的關係，大家展開了認真嚴肅的討論。

對於那些為開槍鎮壓辯護的說法，與會者不予認同，認為這樣的邏輯是拿人的生命為代價換取經濟發展，實際情況是，目前中國社會嚴重貧富不均，充滿各種危機。圍繞「敵對思維」的提法，研討會進一步展開了有關民間社會與政府之間關係的討論。

研討會召開之後，海外媒體作了廣泛的報導。令人高興的是，雖然會議規模不大，但人們一致認為意義非凡，正如《美國之音》在報導中所說的：「在六四事件即將屆滿 20 周年的前夕，儘管北京當局加緊監控，有關六四事件的討論仍然在北京展開。」至於中共當局，則反應較為理智與溫和，與會者中僅有部分人在事後受到了員警的問話和含蓄的警告。

六四 25 周年

六四 20 周年紀念研討會的順利召開增強了我們的自信，到了 2014 年即六四 25 周年，郝建、崔衛平和我決定再次召開一個類似的會議，這次我們將其定名為「2014・北京・六四紀念研討會」。但是，這次會議的籌備工作從一開始就進行得不順利。

首先是租會場一再遇到麻煩，儘管這次會議我們把時間定得更早，但官方似乎更早就作了準備，郝建去了好幾家飯店租會議室，都無功而返，不但遭到拒絕，而且引起懷疑並受到盤問。其次，人們似乎預感到了什麼，敢於應邀參加這次會議的人比上次少了很多。

但是，我們決心已定，從來不存在會議「開與不開」的問題，只是如何開好的問題。最後，郝建提出，如果實在租不到會場，他願意會議在他的私人住宅中召開。我也提出，會議不在乎參加人數的多少，只要參加者達到兩位數便說得過去，況且，從已知與會者的發言水準估計，我們會議的質量是有保證的。最後的結果是，到會者超過了 10 人，而且還有好幾位因故不能到會的朋友提交了書面發言。

研討會如期召開，其間一切順利。會議結束的當晚，我就把一份題為〈「2014・北京・六四紀念研討會」在北京召開〉新聞通稿發向海外，通稿全文如下：

在六四慘案發生 25 周年忌日即將到來之際，一些中國公民於 2014 年 5 月 3 日在北京舉行了「2014·北京·六四紀念研討會」，回憶六四事件，探討其影響和後果，呼籲調查六四真相，合理解決遺留問題。

參加討論的有：崔衛平、郭於華、郝建、胡石根、黎學文、梁曉燕、劉荻、浦志強、秦暉、王東成、吳偉、徐友漁、野夫、張先玲、周楓。因事未能到場的書面發言者有：陳子明、賀衛方、慕容雪村、王小山。

與會者中有在六四慘案中失去子女的母親，鎮壓之後被判刑的人士，失去大學教職的老師，他們在發言中情不自禁地回憶起當年的情況，表示雖然時光流逝，但傷疤並未癒合，六四不能淡忘，不可迴避。

與會者認為，雖然對於六四事件的原因、性質、意義的評價人們或有不同，但現在可以肯定的是，六四不是「暴亂」，對手無寸鐵的群眾開槍於天理國法所不容，基於「暴亂」所實施的一切處罰應予取消、糾正和賠償。

一些發言者指出，六四鎮壓的暴行埋下了今日社會亂象的禍根，權力的濫用、對群眾的欺壓、對貪汙腐敗的縱容，對公平正義的罔顧等等，這些中國社會制度固有的弊端都因六四鎮壓而變本加厲，不可收拾，中國今日和未來要重振社會風氣和德行，必須深挖六四根源。

一些會議參加者強調，我們不需要請求當局為六四平反，裁決與評判罪與非罪、是非對錯的權利，並不掌握在當權者手中。我們所要求和正在做的，是調查事件真相，還原歷史本來面目，在此基礎上實現社會轉型正義，彌合民族創傷。

一些未曾經歷六四鎮壓的年輕人積極參加本次會議，他們表示，回顧和反思歷史使他們受到震撼和啟發，他們從了解歷史之中加深了對於當下中國的理解，他們決心勇於承擔社會責任和歷史責任，防止類似六四這樣的悲劇再次發生。

　　研討會的第一位發言者是「天安門母親」的代表張先玲，她向與會者講述了「天安門母親」們是如何在當局的打壓下堅持抗爭的。她還報告說，近年來，隨著年長者逐漸離世，倖存者越發年老力衰，她們的處境越來越艱難，抗爭的難度越來越大，但是，她們決心永不放棄，一定要堅持查清事實真相，追究事件責任人的初衷。她的發言引起了與會者的由衷敬佩和高度認同。

　　郭玉華在發言中指出，對六四民主運動的鎮壓使得中國喪失了社會轉型的最佳契機，在血腥鎮壓的基礎上成就了特殊利益集團，權力與資本結盟完成了從老極權向新極權體制的轉變，形成今日的權貴惡政。這個權貴惡政具有兩個最鮮明的表徵：

一、「發展是硬道理」

　　GDP 至上，不惜以資源環境的破壞為代價發展經濟——國在山河破；這種窮兇極惡的發展，是為喪失了合法性的政權尋找合法性基礎；對企業家、商人採取養豬策略，對知識分子使用收買政策，對民眾進行愚民統治。

二、穩定是壓倒一切的

　　將國家的強制能力發揮到極致，不惜一切代價地高壓維穩：對社會自組織的壓制，對社會空間的占領，對民眾維權活動的打擊，對思想、學術的控制，對私人領域的侵犯。權勢者所奉行的「打江山，坐江山」邏輯是最原始落後的統治思想，與現代政治毫無關係。不平反六四，不清算罪惡，不反思歷史，不面對現實，會把整個社會逼得無路可走，統治者自身也同樣無路可走。

　　青年學者周楓在發言中說，六四之後的 25 年歷史愈加彰顯了不受限制的權力的乖謬和專橫，因而愈加闡釋了六四運動的深遠意義。其實，有一點對我們所有人都是不言自明的，那就是，我們現在的歷史是

從 1989 年開始的，我們的方方面面都打上了那個事件的烙印。禁言和失聲恰恰意味著，有些事情是如此的重要，以至於它們不能被說出來，因為它們太敏感。六四的殘酷鎮壓，阻止了政治通向改革的路途，從此，談論六四就象徵著對權力的挑戰和威脅。

25 年來，我們習慣了這種象徵意味，我們生活在一種不言自明的自覺中。只要中國的政治一天未走出不受制約的權力現狀，六四就必然會是所有人禁忌的話題。是否能夠直面六四，解禁六四話語，不是一個勇氣問題，也不是一個平反問題，而是一個是否開啟了政治改革的問題。只有用這個眼光看待六四，賦予六四以這種意涵，我們才能有意義地來紀念六四。我們不能忘卻六四，因為我們要讓中國的政治走向進步。

年輕的媒體人黎學文遠道專程趕來參加研討會，他在發言中說，六四不僅僅是八九一代的事情，也是這個土地上每個人的事情，是專政下的血，是國家無法癒合的傷口，如何看待六四，不能有模糊的說辭，不能有曖昧的藉口，而應該直接了當地對暴行說不，對血寫的事實和墨寫的謊言說不。對六四的態度，已經成為衡量每一個中國人的道德底線、拷問每個中國人良知和人性的試金石。任何觸犯底線的行為和表達，都是違背良知的不義行為。六四後，中國成為一個斷裂的世界，一個生死界，一個分水嶺，那一年，20 世紀的中國其實已經結束了。

我在研討會上講的是：沒有必要請求當局為六四平反。我認為，請求執政黨為六四平反，或隱或顯地預設了一個前提——即執政黨是判斷是非對錯的法官，只有執政黨明確宣佈六四不是反革命暴亂，六四才不是反革命暴亂，六四受難者才不是暴徒。其實，六四事件參與者的罪與非罪，六四鎮壓者的罪與非罪，是非曲直昭然若揭，全世界的人們自有公論，歷史的正義法庭更是會有公正結論，執政黨的平反與否，絲毫不能改變六四的性質。

當然，我理解和同情為六四平反的呼聲。從實用方面說，平反六四

可以多少改變一下六四受難者、受處罰者、被打成「六四暴徒」的無辜者的處境,從社會漸進變革的理想方面說,執政黨從單純的兇殘變得精明也算得上一種進步,對於社會的平穩過渡比較有利。為六四平反的呼聲,實際上是為執政黨著想的考慮,這個黨聽得進去固然不錯,它充耳不聞也不應令人難過和絕望。最後,我提出,把「平反六四」的訴求變為「調查六四真相,作出法律判決」。

無獨有偶,賀衛方在其書面發言中也表達了相同的觀點,他說:「其實,在國民心中,那場民主運動無需『平反』,其正當性從一開始就是確鑿無疑的;反而是當政者需要通過對其平反來獲得某種合法性,並為中國未來合理路向的確立奠定基礎。」

風雲突變

正當大家為研討會的成功召開而額手稱慶之際,突然之間風雲突變,5月5日和6日,員警一下子傳訊、拘押了與會者中的5人:我、郝建、浦志強、胡石根和劉荻,並將我們關押在北京市第一看守所。抓捕我們的罪名一律是「尋釁滋事」,這罪名的荒謬無當一望而知,真虧他們想得出來!與此同時,其他與會者也遭到了員警的傳喚、盤問和威脅。員警鎮壓的消息馬上傳到了海外,引發了抗議和呼籲的浪潮。

從5月5日起,我失去人身自由整整一個月,除了一次會見律師,在匆忙中得到一些零星的消息外,我對牆外所發生的一切基本上是一無所知。被釋放後通過惡補,才對各界人士對我們的聲援情況有所了解。我後來知道,有100多位中國律師聯署,呼籲當局依法辦案並釋放被捕人士;白夏(Jean-Philippe Béja)、林培瑞(Eugene Perry Link, Jr.)、黎安友、潘鳴嘯(Michel Bonnin)等8名國際知名學者曾聯署致習近平的公開信,要求無條件釋放因為參加六四25周年紀念活動而被拘押的人士;我還知道,我在世界各地的學術界朋友,包括在瑞典、日本、美

國、法國、澳大利亞各大學工作的教授們、學者們，都為我個人的獲釋而聯署簽名信。當我讀到下列報導時，我不禁為張思之律師的反應叫好——浦志強的律師之一張思之在採訪中表示，這些指控不合邏輯，他反問：「你怎麼可能在私人住所裡尋釁滋事？」

我和郝建、胡石根、劉荻都是在 6 月 4 日之後以「取保候審」的名義獲釋，只有浦志強於 2015 年 12 月 22 日被北京市第二中級人民法院宣佈判處有期徒刑 3 年、緩刑 3 年，當天下午他離開被關押了 1 年 7 個月的看守所，由此，他被剝奪了從事律師工作的權利。而胡石根於 2015 年再次被捕，並於 2016 年 8 月 3 日被天津市第二中級人民法院判有期徒刑 7 年 6 個月，並剝奪政治權利 5 年。

我們為六四紀念研討會付出的代價是高昂的，但沒有一個人表示後悔，我們堅信，這種付出終將澆灌出中國自由民主的纍纍成果。

第十四章

在看守所

2014 年 5 月初，因為發起和組織六四紀念研討會，我被北京警方抓捕，關押在北京市第一看守所。同時被抓捕和關押的，還有同為會議發起者和組織者的郝建，以及另外 3 位會議參加者浦志強、胡石根、劉荻，他們也被拘押在北京市第一看守所。加之於我們 5 人的罪名都是「尋釁滋事」，這荒謬可笑的罪名將在中國法治踐踏歷史上留下一項可恥的記錄。

傳訊

2014 年 5 月 5 日下午將近 4 點，隨著一陣猛烈的敲門聲，一群員警湧入我家，出示傳喚證、搜查證，要我簽字。我大吃一驚，馬上意識到，這次事情鬧大了。

傳喚的涉嫌罪名（以及後來拘押的涉嫌罪名）是「尋釁滋事」，對此我啞然失笑。我，一個 67 歲的退休教授，怎麼可能「尋釁滋事」？這個罪名與我的所作所為風牛馬不相及，說我「尋釁滋事」，與說我販毒、殺人一樣荒謬可笑。不過，對於一個肆意踐踏法律的政權來說，以什麼罪名抓人、判刑卻是隨意的，這年年初，被長期監視居住在家的許志永不就是以「聚眾擾亂公共場所秩序」的罪名被判刑麼？

員警收走了電腦與隨身碟，把我帶出家門，命令我坐上警車後座的中間位置，由左右一邊一個員警挾持著，離家去常營派出所。本來我們這個小區規定院內不許行車，也沒有行車道，但這些規章對員警不管用，三輛警車在院內步行小道上橫衝直撞，疾駛而出。

到常營派出所時大約剛過 4 點，我獲准給妻子打了一通電話，告訴她我被傳訊到了常營派出所，並說看來沒有什麼大不了的事，做完筆錄就回家。我這麼說，並不完全是安慰她，在我看來，被傳訊和搜查，已

經是非常嚴重的事情，比這更嚴重的事，我還沒有想到過。

訊問直接進入 5 月 3 日的「2014‧北京‧六四紀念研討會」話題，我把情況從頭到尾詳細講了一遍，當然，涉及到其他與會者，可能對他們不利，員警未見得知道的情況，我絕不吐露。雖然，我們的言行都符合現行的憲法和法律，我們沒有做一星半點不可告人之事，但經驗證明，許多完全合法的事情，會被當局無恥地利用來進行懲罰和迫害，我不能因為秉持「無事不可對人言」的天真態度而傷害無辜。

5 月 3 日會議前，我多次承諾，召集會議的責任由我承擔。從傳訊起，以及後來歷經多次審訊，我堅持實現了這個承諾。我告訴員警，是我動議召開這個會議的——當然還說了一大堆堂堂正正的理由，會議的時間、地點是我確定的，會後把照片及其說明發給一些朋友和熟人也是我幹的。

審訊從下午 4 點斷斷續續延續到深夜 12 點，有的員警態度一般，有的員警態度惡劣。對於其中的惡人，我做過兩次反擊。有員警告訴我，審問有全程錄影。

到了深夜 12 點，我抬頭直面員警，以非常正式的姿態和口吻說：「我現在正式指控警方對我實施變相刑訊逼供。」

主審員警大吃一驚：「什麼，刑訊逼供？」

我說：「我說的是變相刑訊逼供。我已經 67 歲，身體虛弱，患有多種疾病，今天上午和下午在家從事重體力勞動，身體和精神極其疲乏，對於你們長時間疲勞式的審訊，早已支持不住，從下午 4 點到現在 12 點過，你們連續審問超過 8 小時，不讓我休息，不讓我回家，你們是不是想把我逼死在這裡？」

員警無言以對，但情況並未因此有所改善。我也沒有指望他們會因此變得客氣一些，我只想讓他們知道，他們固然可以欺負落到他們手中

的人，但不要指望每個人都毫無抗爭、任由擺布。

第二次，是要我簽署一份文件，大概是搜查證明。我發現，文件上有4處空白，大約是執行人、見證人的姓名和職務之類。我知道，與他們糾纏沒有用處，也爭不出什麼結果，但我就是想用挑毛病的方式殺一殺他們的威風。

我說：「你們是執法人員，怎麼執法這麼不規範？你們怎麼可以讓我在有4處空白的文件上簽名？」

他們想用員警的威嚴壓我就範，呵斥說：「你膽敢拒絕簽字？」

我回答：「我不拒絕在規範的文件上簽字，但我拒絕在有隱患的文件上簽字。請問，如果給你一張空白支票，你能夠簽名嗎？」

我知道這個比喻不是十分貼切，但員警的智商不足以發現其中的邏輯差異，爭執了好一陣子，最後他們非常不情願地重新列印了不帶空白的文件，讓我簽了字。

我的反擊當然沒有實際好處，但對於在審問中把呵斥當成理所當然的員警來說，有機會以教訓的口氣回敬他們，哪怕只有一次，也意味著雙方在精神上打成了平手。與員警打了這麼多年交道，我沒有一次願意在氣勢上屈居下風。

進看守所

時間難熬地緩慢流逝，到了接近6日凌晨，他們通知我，決定對我改變強制措施，要將我轉移到另一個地方。看來更可怕的局面正等待著我，這是我未曾料到的，但我仍平靜地作了應答，這時我突然感到內心升起一股力量——不管出現什麼情況，哪怕是大難臨頭，一定要扛住，堅決扛住！

他們沒有說明把我送到什麼地方，只感覺警車開了很久，最後到了北京市第一看守所。看著兩道寬大、沈重的鐵門在警車前緩慢地升起，又在警車後轟然落下，看著身穿鮮亮制服、持槍的士兵，腦海中油然產生一種怪異的念頭：「我怎麼會來到這裡？我怎麼會和罪犯在一起？」

　　幾分鐘之後，我立即轉換為「囚犯」的角色，一疊囚服放在椅子上，我只得按命令脫得個精光以接受搜身檢查，從身上剝下的衣褲不能放在椅子上，只能胡亂扔在地上，當下人的臉面也隨之落入塵土。每一道程式都伴隨著極其粗暴的命令，口氣不像是對人，比對畜生還不如，人被置入了一架不由分說的、鋼鐵的專制機器，它要把人的所有尊嚴和精神活動壓榨得乾乾淨淨，它要使人產生「我是罪犯」的意識。有幾分鐘時間，我被一種無可名狀的巨大悲哀所吞噬：「這是怎麼回事？我怎麼落到這種地步？」但一種堅定的信念馬上支撐著我：「我要平靜地、不動聲色地對待這裡的一切，我不會驚慌失措，只要不垮掉，就是勝利。」

　　在進入監室之前我做了體檢，醫生說我血壓高，要我服藥，但不告訴我究竟高到多少。我說我不打算服藥，因為我的高血壓是陣發性的，我的妻子是協和醫科大的教授，她告訴過我，不要輕易服用降血壓藥。為了說服我服藥，醫生把記錄血壓數值的紙條給我看，高壓是 190，低壓是 100。他要我寫了一份保證，說我自願不服藥，一切後果自負。

　　走過漫長、七折八拐的樓道，身穿囚服的我被投入看守所西五區 514 號監室，進門時正是囚徒們起床的時間，擠得滿滿一屋的人從鋪板上和地上起來，多數人的髮型是囚徒式，接近光頭，發青的頭皮隱約可見，不少人胸脯和肚皮上長著濃毛；恍惚之中，我覺得每個人都面目猙獰，眼露兇光。

　　有個囚犯戴著腳鐐手銬，還有一個戴腳鐐（後來才知道他們被判了死刑），使他們穿衣很不方便，形成一幅扭曲的畫面。很快地我被厲聲喝令蹲在地上，接受盤問。初來乍到，我做好了被施以下馬威的心理準備，我知道監獄中流行的規矩是，總要讓初到者吃點苦頭、嘗嘗厲害，

進監室的第一步就像是要過鬼門關。

問我的第一句話是：「幹什麼的，為什麼事進來？」當我說我是中國社會科學院的教授，因為開了一個關於六四的會議被抓進來時，奇蹟發生了！不知道是不是為首的那個牢頭帶頭改變了態度，整個監室內氣氛為之一變。人們的態度從威嚇變為讚嘆，有人說：「這麼老的教授都要抓？」還有人說：「政治犯是好樣的，是中國的志士仁人。」

我的這種身份使我在監室中受到一系列優待。首先，我被安排睡在鋪上而不是地上，其次，我被免除了最累、最髒的活，比如擦地板和清掃廁所。沒有人對我直呼其名，人們叫我「徐老師」或「徐老」。

進監室後大約半小時，我就被拘提到看守所中一個警官——這裡稱為「管教」——的房間中訊問，這屬於登記註冊性質，真正的審問由北京市公安局預審大隊執行，我相信有一個專案組在負責這個案子。

一開始，我被問了姓名、年齡、身份證號、住址、親屬等等，接著問我為什麼被抓，當我說是因為舉行了一個全名為「2014·北京·六四紀念研討會」的會議時，我看到這個警官嘴巴一撇，我感覺到他露出了不以為然的表情。之後他的態度變客氣了，告訴我他會吩咐監室裡的人，對我盡量照顧，當然，也交代我要遵守監規等等。

我開始熟悉適應環境，小小一間監室，裝著這麼多人，每個囚犯可能都帶有一個複雜的，甚至驚心動魄的故事。我裝得漫不經心，但隨時都在用心地看、用心地聽，這一點被我身邊的人發現了，他說：「看來，你對這裡的一切都充滿了 curiosity。」我知道英文 curiosity 的意思是好奇，這個人的話著實讓我吃了一驚。

人類的心理具有非常強大的自我保護機制，我故意把周圍的每件小事看成是新鮮的、刺激的，盡可能地轉移注意力，使自己感到「目不暇接」，藉此來忘掉自我，減輕內心的傷痛。但是，一旦夜晚來臨，深夜的寂靜使人無法轉移注意力和逃避，我固然可以心一橫，不管不顧地迎

接任何打擊，但我明顯感到內心深處有一個地方是致命的柔弱，那就是對親人、對妻子和兒子的思念與對他們的愧疚之情；尤其是對妻子，她本不該承受如此的驚恐不安，承受絕望的煎熬，如果說我終究還有一點悔意，那絕不是因為我現在入獄遭罪，而是因此給她帶來的痛苦。想到這些，我心如刀割，心痛得無法承受。罷，罷，罷，不想也罷！想這些只是折磨自己，往後在獄中的日子，只要意念一觸及到家人，我就強迫自己轉移思緒。

監室和獄友

我不知道自己會在這個看守所關多久，會遭遇到什麼事情，但既然來了，就不能白來，我不能把時間消耗於獨自沈思，也不能沈浸於憤懣之情，我要記住這裡的一切。

那個說我有好奇心的人大約 50 來歲，叫不出姓名，因為他的身份嚴格保密，看守所給他指派的代號是 13001，據說意思是在 2013 年進入看守所的第一個，獄友據此稱呼他「么三」，有人猜測他原本在情報單位工作。這個人的知識極其廣博。他在閒聊之中所提及的外國地名、商品名、娛樂場所名，不論是英語、法語、日語、德語，都能使用原文，還能背誦圓錐體體積的計算公式，能把流體力學馬赫數的原始定義解釋得清清楚楚，能把日本札幌出產的「白色戀人」牌巧克力說得頭頭是道。他在監室內的地位是「二板」，即享有管理囚犯和一定生活特權的第二號人物。

監室中的日常活動圍繞著「板」來進行，所謂「板」，即是占監室面積一半的通鋪，長 6 米、寬 1.8 米、高 0.5 米，鋼木結構，7 道紅漆劃線把這個「板」分隔成 8 個鋪位——這說明了監室的原定關押人數只是 8 人，但據老囚犯說，看守所寧願讓一部分監室空著，也要使每個監室大大超員，因為，如果囚犯感覺舒服一些，他們就認為是自己的失職

——每人的佔有的面積是 1.35 平方米，監室總面積大約為 22 平方米，關押人數為 17 人或者 16 人。

而《中華人民共和國看守所條例實施辦法》規定，監室面積平均每人不得少於 2 平方米。囚徒們每天要花很多時間「學習」，即觀看看守所的「新岸電視台」製作的節目，這時室內喇叭傳出的命令是「坐板」，囚徒們必須在鋪上坐成整齊的兩條直線，腰板挺直，不許交談。如果命令是「散板」，就可以坐得隨便些，可以聊天、看書，在週末還可以打牌和下棋。但除了睡覺時間，任何情況下都不准躺或斜靠在鋪上。

每天晚飯後，有幾個小時播放電視劇影片，獄友們對《長征》這樣的節目不感興趣，而看打鬥和警匪片則津津有味。抱怨和咒罵時有發生，因為連續劇節目被放得前後倒置，或者中間脫節。按《中華人民共和國看守所條例實施辦法》規定：「看守所應當組織人犯收聽廣播，收看電視，閱讀書報」，但報紙是看不到的，我 30 天內僅看過一次新聞節目。據說，不讓看新聞是怕在押人員了解時政，在受審時不會聽任員警的擺布。

與監室相連的是一個沒有屋頂，但有鐵條封閉的小空間，大約有 15 平方米，這是囚犯放風的地方，它與監室之間有一道電動鐵門，可以根據看管的命令隨時開關。囚犯們每週大約有 4 至 5 天的下午可以享受大約半個小時的放風。因為放風場所的外端砌了一個長寬高都為 80 公分的水泥台，靠近監室這端堆放了不少雜物，所以真正可供走動的場地只有 12 平方米左右，不夠全室的人排成一個圈子，於是只好讓兩三個人站在圈外就地活動，其餘的人排成一個圈走步。由於擠得前胸挨後背，這支囚犯隊伍不能放開手足快步前進，只能跌跌撞撞地蠕動，透過放風來適當放鬆身體的目的根本達不到。雖然《中華人民共和國看守所條例》明確規定，每天犯人的室外活動應該有一至二小時，但實際上完全沒有做到。

這種與監室相連的袖珍放風屋非常有利於管理，它省去了獄警讓囚

犯進出監室的押解和監視，也避免了相識囚犯相遇和交談的可能性。但對於幾乎整天不能動彈的囚犯，完全達不到舒展筋骨的目的。就在兩周之前，即 4 月 23 日，我在台灣參觀了綠島監獄，那是國民黨當局在上世紀 70 年代關押政治犯的地方。我清楚記得，那裡的放風場地是一個非常寬闊的院子，面積超過 1000 平方米，有草地、松樹，空氣流動清新，可以直望藍天。綠島監獄的監室也是非常擁擠，但據當年藝術家囚犯為還原當時情景而提供的繪畫來看，囚犯們在獄室內是可以看書、打牌、下棋、聊天，以及斜靠、橫臥的。將近半個世紀過去了，世界有很大的進步，包括監獄的條件和囚犯的待遇，但共產黨今天的監獄還是比國民黨近半個世紀之前的監獄差。

監室囚犯中的第一號人物叫「頭板」，姓王，首都經濟貿易大學碩士，罪名是「經濟犯罪」，他說，自己服務於一家協助企業貸款的金融機構，因資金鏈中斷，出現巨大虧空，他們的董事長逃到美國，總經理逃到加拿大，財務總監平安無事，但一群中層管理人員卻被抓捕關押，他覺得冤枉，我雖然不知詳情，但感到情況確實不正常。

「二板」么三的案情似乎較重，對他的提審雖然不頻繁，但每次時間都很長，有幾次長達七、八個小時，他回監室時臉色發紫，站立不穩，心臟不適、血壓陡升，大夥給他留了晚飯，他吃不下，只是斷斷續續地咒罵審訊他的員警，據他說，無論他怎麼供述，對方都說他「不老實」。

據說，北京市第一看守所關押的一般是重罪嫌犯，我進去時，監室中有 4 名殺人嫌犯和 1 名等待處決的殺人犯，3 名販毒嫌犯，因為每過 2 天或 3 天就會有人調進或調出，所以我坐牢 30 天期間共遇到殺人嫌犯 8 人，販毒嫌犯 5 人。打飯、上廁所的順序首先是頭板、二板，然後按進入監室的時間長短排列，在 3 周內，我的名次從第 17 上升到第 9。令人感到奇怪的是，8 名殺人嫌犯中，有 4 人是殺死自己的妻子或女友。

監室的一面牆用作宣傳，寫的是監規等等，其中一個版塊寫的是「在押人員的權利」，我讀了之後只感到諷刺味十足。第一條說的是尊

重在押人員的人格尊嚴，但實際做法則是相反。看守所規定，在押人員每一次提訊，都得在距離牢門1.5米處雙手抱住後腦勺等候，等開門時呼叫「管教好」，進入審訊室前必須高叫「報告管教」，離開時呼叫「謝謝管教」，回監室時，必須背對著門，面對走廊那邊的牆，再次雙手抱住後腦勺等候，然後轉身，高叫「謝謝管教」入室。

在押人員權利第三條說的是尊重宗教信仰自由權，但我的監室內明明就關著一個法輪功學員。他姓孫，25歲，入獄前在IT行業工作。小孫面善，身寬體胖，因為有強烈的信仰，所以顯得輕鬆而達觀。他不是第一次入獄，其實，只要在回答「還練功不練」時說一句「不練了」，就可以出獄，但他偏偏不肯說。以前，法輪功學員被抓捕後判處勞教3年，勞教制度被宣布廢除後，由法院宣判，還是3年。他們的命運一般是這樣的，3年出獄後，不久員警會找上門，問一句「還在練功嗎」，出於講真話的信念，他們回答「還在練」，於是再來一個3年。

獄友們把現在的坐牢方式稱為「自費坐牢」，因為，除了每日三餐的7元錢伙食費由國家提供，其餘的一切全靠自己出錢買。我剛入獄時，花了180元購買被子、墊褥和鞋子，接著，需要買毛巾、水杯、牙膏、牙刷、飯盒等等（按有關規定，餐具、被服、日用品等從國家提供的給養費中支出）。家屬有一次機會把衣物用品送進來，也可以把錢存入囚犯的購物卡中，但看守所轉交總是很不及時。我的妻子在我入獄幾天之後獲准把衣物和錢送進來，但我10天之後才收到。

用卡購物，一般是在每週三填訂單，週四交訂單，下一個週四取貨。購物的限額是每次120元，如果超出，訂單作廢。這個看守所的供貨商是京客隆超市，每樣物品都高於市價。我是5月6日（週二）進的看守所，幸虧離家時鬼使神差地抓了一把錢帶在身上，所以剛去就可以辦理購物卡，但第一次訂貨要在15號才能得到。正當我非常發愁時，同監室的老袁給我提供了這裡生活所需的一切——漱口杯、牙刷、牙膏、飯勺、毛巾、衛生紙、香皂等等。我非常感激老袁，很難設想，如果沒

有他出手相助，情況會怎樣。

老袁其實比我小將近 20 歲，是京郊懷柔縣的農民。他殺死了實行強拆的村長，為自己的義舉而自豪，他告訴我，鄉親們都不認為他是殺人兇犯，而是「為民除害」。旁邊一個身為大老闆的殺人慣犯則教訓他：「如果事先籌劃好，捅了對方幾刀之後立即打 120 電話請求搶救，然後去自首，那麼，既可達到殺人的目的，同時也可獲得從寬處理的機會。」老袁憨厚、熱心、樂觀，只是在處熟了之後他才悄悄告訴我他內心深處的憂慮，他非常擔心正在上小學的兒子受到歧視，被人叫做「殺人犯的兒子」。

佛教中有「眾生平等」之說，我在監室中對此體會得更為真切。在這裡，每個人穿同樣的號服，吃同樣的號飯，每一次上廁所或打水喝都必須喊「報告」並得到准許，不論你入獄前是小販、民工、高官、富豪還是名人，不論你以前享有多少特權，在這裡所有的身份和頭銜都毫無作用。對於那些原來處於社會上層的人來說，把以前的身份和意識拋棄得越徹底，獄中的日子就越容易過。

我在獄室中心態平和、精神寧靜，一個重要的原因就是我絲毫不覺得自己高人一等，雖然獄友們因為我是政治犯和教授而對我十分尊重。我經常在恍惚中看每個人——包括我自己——都是赤條條的，相同的肉身，誕生於同一個自然，也將化歸為同一個自然，我們也有相同的期盼，渴望自由和與親人重逢，渴望得到公正的對待。

獄友們在表達獄中感受時不約而同地使用了兩個成語，一是「度日如年」，二是「生不如死」，這不僅指粗劣的飯菜、悶熱難耐的室溫、不絕於耳的喝斥，真假難辨的威脅，更是指毫無希望的前景。時間難熬，成了無法承受的重擔。記得 40 多年前學英語時，讀到過共產國際領袖季米特洛夫（Vladimir Dimitrov）的一段話，他說：「革命者應該把被捕坐牢視為正常生活的一部分，把入獄看成是定期去休假地。」我想，他雖然多次坐牢，坐過各種各樣的牢，但卻沒有坐過共產黨的牢，不然

他說不出那樣的話。

審訊博弈

　　對付審訊很困難，讓我絞盡腦汁。本來，這根本不是問題，我們在一個朋友的私宅聚會討論六四事件，大家發表了各式各樣的不同意見，如此而已。會前的計劃、商量，是必要的，會後向朋友們通報開會的情況和發言的內容，是自然的。開會沒有邀請外國人和新聞記者——其實即使邀請了，也不影響會議的合法性，只不過我們格外地小心和謹慎，會議沒有洩漏國家機密，沒有號召推翻現行政權，因此沒有任何事情需要保守秘密。

　　但是，憲法和法律在今日中國還只是紙上的東西，必須考慮員警想得到什麼，他們會利用哪些情節來給與會者定罪。對於這樣的情況，能不讓員警知道的，就應該盡量不讓他們知道；兩個人或更多人做的事情，能說成一個人做的最好，因為，如果懲罰必須有人承擔，一個人是受懲罰，幾個人也是受懲罰，人多並不會使懲罰得以分攤或減輕。

　　我寧願由我一個人來承擔責任和懲罰，不想讓許多人被加上罪名。但我們事前沒有商量過應對的辦法，沒有統一口徑，我不知道我堅持不說的事情是否有人會說，以及警方是否會從被沒收的電腦或其他記錄資料中找到證據。員警在審問時最喜歡宣傳的口號是「坦白從寬」，人們知道那是騙人的，將其改編成一句挖苦的話：「坦白從寬，牢底坐穿」。同監室者中有經驗的人憤慨地告訴我，那些審問員警把自己的職責看成是——把無罪的說成是有罪的，把罪輕的說成是罪重的，以嫌犯最終獲得刑期的長短來衡量自己工作成績的大小。我不打算當順從員警的傻瓜。

　　審問員警來自北京市公安局預審大隊，最先審問我的人大約有40

來歲，長得陰沈，顯得老練。當我敘述我是如何倡議、準備六四研討會時，他很不滿意，多次打斷我的供述，指責我說得雲山霧繞，讓他不明白。他要我改變敘述事實的方式，比如把我說的「我們想開個會」改成「我們決定搞一個活動」。他的意圖十分明顯，他要用在他們那裡可以入罪的法律用語來描述事件過程。其實，根據憲法和法律，照他的說法講也沒有什麼了不起，計劃、籌備一個活動，屬於中華人民共和國憲法第 35 條所保障的言論自由、集會自由範疇，但在中國目前並非法治的狀態下，他的說法含有陰險的目的，是一個陷阱。

我始終堅持我的表述，他不斷打斷我，說我不老實，我決定反擊。我說，我是如實還原當時的情況，當時是怎麼想、怎麼說、怎麼做，我現在就原原本本地描述，如果我沒有提供令他滿意的說法，那我沒有辦法。我知道，雖然我說得平靜，但「讓你滿意的說法」在這種情況下對他一定很有分量和刺激性；果然，他氣得快要跳起來。但他每一次指責我不老實，我都回敬他一次：「抱歉，我確實無法讓你滿意」，直到他完全讓我按照自己的表述說話。這場鬥智的實質是，他要把我往「有目的、有預謀地從事非法活動」方向引，而我則要從「逼供、誘供，要得到預定口供」的角度揭露和抵制他，我們兩個都是明白人。我是戴著鐐銬與他過招，但我不會認輸、不戰自降。

審訊時確實戴著手銬，每一次都如此。剛一出監室就被員警銬上，回監室時，進門前才摘下手銬。在監室和審訊室之間的走廊上，還設有一個搜查區，來回都要在那裡搜身。我除了戴手銬，還要戴黑色頭套，我馬上明白，在我經過的監室中，一定關押著我的同伴，戴頭套是為了防避有熟人把我認出來。頭套在進入審訊室之後摘下，座椅上有一根弧形的，下端帶齒的不銹鋼條，把被審問者圈在椅子上。

這個人審問我兩次之後，就換了另一個人，剩餘的時間全是那個人主審。第二個人年輕一些，大約 30 多歲，長得倒不陰沈，但顯得有些兇狠和蠻橫，我只是在 6 月 5 日離開看守所時，才知道他姓張。

　　審訊基本上是每天一次，偶爾兩天一次，這樣大致持續了 3 個星期，每次審訊長的有 4 個小時，短的將近 1 個小時。審訊者似乎沒有使用什麼技巧，對於想要的東西意圖明顯。開始幾次集中於我在這次研討會中起的作用，審訊進展很快，我對於自己召集、籌劃、通知朋友參加會議，自己參加會議，以及會後把照片及其說明通過電子郵件發送給一些熟人、朋友敘述得清楚而詳盡。

　　但是，員警並不滿足於我坦然承認自己的主導作用，他想給更多的人定罪，他的首要目標是郝建，談到我的倡議作用時，他引誘我說：「你與郝建的來往是不是非常密切？」「準備會議時你是不是與郝建商量得多一些？」看來是想把郝建定為第二號倡導者和組織者。再一個目標是崔衛平，問她是不是參加了籌劃和組織會議，還問我與朋友們假日在郊區遊玩，比如去密雲水庫時，是不是經常去某個人家？這明顯指住在密雲水庫旁的崔衛平，想把我們說成是一個經常組織聚會與活動，有固定場所的團夥，而她就是女主人。對於上面這些誘供性問題，我都斷然作出否定的回答，不管他相信還是不相信。

　　記得 1989 年六四之後的清查運動中，我曾為自己說真話的天性和衝動所苦，那次為了保護自己和保護朋友，我不能在接受訊問時把事情和盤托出，我知道必須如此，但總有心理上的糾纏和折磨，不說真話總是很難，甚至有自責的心理。經過這麼多年與員警打交道，我長進多了。面對踐踏憲法和法律、羅織罪名的員警，矢口否認是再正當不過了，不這樣做才是荒謬可笑的。

　　我最深切的經驗教訓來自法院對劉曉波的宣判，它把劉曉波妻子劉霞和其他一些朋友對劉曉波的正常敘述掐頭去尾，歪曲成定罪的證詞，我曾親耳聽見他們對於這種卑劣行徑的譴責。

　　我曾告訴審問者，在 5 月 3 日會議之後，郝建用車送我回家，然後他就回去了。但下一次審訊時員警告訴我，他知道郝建並沒有馬上走，而是留下與我一道寫會議說明，我當然不想讓郝建牽涉到這件事，沒有

片刻停頓就回應說，我只是請他幫我按漢語拼音字母順序整理排列了一下與會者的姓名，因為我的普通話發音不好，而整個說明完全是我一個人寫的。我堅持說，這只是為了讓朋友熟人明白照片的含義而加上的一個附帶說明，但員警的記錄卻寫成是「報導」或「文章」，我堅決要求修改，因為「報導」或「文章」包含有供公開發表的含義。

有次員警問，我們是否為開會專門設置了通訊聯絡手段，我說沒有。但後來審訊中，他表示已經知道我們使用了 QQ 郵箱，有一個留言板通知有關會議情況，並引證了一些與會者會前會後在上面的留言。我的解釋是，就像許多朋友圈子一樣，我們有一些朋友早就形成了一個郵件組，郝建是核心之一，因為他經常發布消息，請朋友們去他家看電影，很自然，有些人也在現成的郵件組內提到開會的事。以後的審訊中，我一直使用「郵件組」這個名稱而不說「留言板」，審問者也跟著我使用這個名稱，後者意味著專門為了開會而設立的秘密通訊手段，而前者則是朋友之間一般問候和交流訊息的平臺，它早就存在。

實在說來，我們還真是沒有清楚的「建立秘密通訊手段」的意識，這個留言板並沒有在員警抓人之後被取消——否則員警不會知道它的存在，不會知曉上面未被刪除的幾十條通訊記錄，我甚至在從看守所回到家中之後，還上網去看過好幾次，所有的通訊記錄完好無缺地在那裡。本來麼，我們這幫人不過是一群書生氣十足、大大咧咧的知識分子而已。

會見律師

5月9日上午，我突然被員警叫出監室，在半路上，才被告知是要會見律師。我很高興激動，與外界斷絕了聯繫的這幾天，時間顯得異常漫長，心中時有孤立無援之感，現在，好像在黑暗的隧道中見到一縷亮光。

　　莫少平、尚寶軍律師早已等候在會見室，我們被一道玻璃板隔離，交談用電話連線的方式進行，有員警在旁邊監視，談話幾次被員警的干涉打斷，但總的說來，進行得還算順利。

　　兩位律師大致問了我的案情和獄中情況後，向我表達了外面眾多朋友（包括遠在美國的華澤）的問候，這令我感動，知道有這麼多朋友，還有那麼多以前不認識的人關心和支持自己，使我感到極大的欣慰。

　　莫律師告訴我，這次被抓的不止我一個，還有浦志強、郝建、劉荻和胡石根，這使我非常吃驚，因為如果說會議的發起者是我，主要的組織者是郝建，那麼另外三位其實是被偶然地、隨意地叫來開會的。審問中，我連他們發言說了些什麼都記不起來，看得出來，員警抓人不完全看參與會議的重要性，還有他們對某些人的記恨程度，他們原先確定的打擊目標。

　　尚寶軍律師把法條中關於「尋釁滋事」的定義逐字逐句念給我聽，他認為，這個罪名之荒謬，使得如果舉行開庭審判，將成為舉世矚目的大笑話；因此，他斷定當局只能考慮在六四之後放人，而不會貿然走批捕和法院審判的程式。他的分析給了我極大的力量和信心，雖然另一方面，我一直在做開庭審判怎麼申辯的準備。

　　兩位律師還告訴我，國際上的抗議和聲援浪潮已經出現，一些國家的學者和其他人，不論是我們認識的還是不認識的，都對無理抓捕表示抗議，要求政府立即放人。這個消息使我精神為之一振，使我坐牢有了底氣和信心，自從我被帶出家門，我最為關心的就是外界對於我們被捕知不知情，有什麼反應。

　　一般而言，一個人因政治原因被無理抓捕後，面臨兩種相反的期望和選擇。一種是低調不聲張，竭力不惹惱員警，請人託關係說情，爭取早日釋放；二是爭取國內外有抗議的浪潮，讓當局感到壓力，不得不放人。

我知道，兩種手段其實都不會產生明顯效果，而絕大多數人寧願自己和別人都不發聲，期待員警意識到抓人實在沒有必要而採取理性的放人行動。我的判斷是，第一種做法毫無希望，當局如果還有一點理性，那就是欺軟怕硬，刑事嫌犯可以靠人情或經濟手段通融，政治犯完全不可以，因為除了最高層，誰也作不了主。

　　當我被帶到常營派出所之後，幾個小時內我一直在緊張地盤算該怎麼辦，最後我的決斷是，必須盡快讓外面知道我被捕的事，如果有抗議浪潮則更好。我利用一次難得的給妻子打電話處理家務的機會，暗示她把消息捅出去，但事後證明，她太老實，沒有聽懂我的暗示，幸好還沒有誤事，我想叫她找的法國朋友白夏，自己與她聯繫了，而且自行做出了我所希望的行動。

　　在高調和低調反應問題上，我傾向於高調。雖然被無理抓捕的人第一自然反應是爭取釋放，但我認為這一點實在難於實現，此外還有一個需要考慮的目標，就是揭露和抗議踐踏法律的惡行。如果兩種方式都可能無效或無法判斷後果，那麼，讓世界知道在中國發生的又一次惡行，是一件有意義的、值得冒險和付出代價的事。

　　所以，當尚律師徵求我的意見是否願意向媒體公布我的情況和想法時，我毫不猶豫地簽字同意了。

　　我告訴了律師我在獄中的處境，尤其是惡劣的條件和身體健康方面的不良待遇，也告訴了他們受審的情況。我對他們說，員警對我提出了爭取「從寬處理」的條件，要我在以下三件事中考慮，第一是寫一份悔過書，第二是同意在媒體上發表這份悔過書，第三是像網絡大 V 薛蠻子那樣，在中央電視臺上亮相，作自我譴責與表示悔悟。對這些條件，我斷然拒絕，我絕不會認罪。我還告訴律師，我對審訊我的員警說，會議是我召集的，時間、地點是我定的，一些與會人員是我通知的，我承擔這次會議的全部法律責任，我希望對會議的追究到我為止，沒有必要牽涉到更多的人。看得出來，我的態度會為律師替我辯護增加難度，但我

堅持，就照我說的那樣處理。

我問莫少平、尚寶軍兩位律師，他們是否同時也是郝建的律師，他們說不是，還沒有聽說郝建請律師的消息，也可能正在設法，但沒有與他們聯繫過。知道這個情況後，我不禁著急，在我看來，當務之急是——郝建必須知道我在員警那裡是怎麼說的，知道我已經把發起和組織5月3日會議的責任承擔。這樣，好多事他可以不說或少說，如果他全盤招供，那我主動攬下責任的舉動就沒有多大意義。

唯一的辦法是——莫少平、尚寶軍兩位既是我的律師，也是郝建的律師。這樣他們既可以看我的案件資料，也能以我的供述替郝建辯護，以減輕他的責任。我向兩位律師暗示了我的想法，強調必須設法聯繫到郝建的家人，讓他們聘請莫、尚兩位當他的律師，我說這些話時，使勁地擠眉、瞪眼，用目光和表情表示這是緊要之事，並告訴他們怎麼輾轉聯繫郝建的妻子。兩位律師完全明白我的意思，這使我感到寬慰。

律師告訴我，我妻子就在看守所門外等候，他們是一起來的，但不允許家屬參加會見。聽到這話我心中一陣難過，我可以想見妻子雖然近在咫尺，但無法相見的心情。律師說，他們會把我的話帶給她。

我說：「請把以下三句話帶給我妻子。第一，我要對她說對不起，我使她受到這樣的驚恐和擔心，心中充滿了歉疚；第二，告訴她，我身體尚可，精神樂觀，請她不要擔憂；第三，希望她不要因為這件事耽誤工作，該寫科研論文就繼續寫，該出差參加會議就照常去（我知道她計劃去上海），她的工作和專業是公共衛生，這關係到千萬人的健康大事，我們從來都是把為民眾的事看得很重的，即使出了目前這件事，我們的基本信念是不動搖的，我們為人做事的方式是不改變的。因為，我們是為中國人工作，而不是服務於這個政權。」

很快的員警中斷了我們的會見，走回監室時，我心裡充滿了信心和力量。

這是我唯一的一次會見律師，後來得知，我的律師還多次申請與我會見，但都被員警拒絕了，這是對現行法律法規的公然違反。我認為，原因是我的律師公布了我們會見時的談話內容，使外界得知了我的狀況和立場，這使員警感到恐懼與不安。6月5日我出獄回家的路上，員警就要求我們立即解除對律師的委託合同，看得出來，員警對於律師有某種程度的畏懼，更有一種明顯的仇視。

抗爭

審問我的員警態度兇惡，他企圖打擊和摧毀我的意志，使用了侮辱人格的方法——也許不是有意為之，而是習以為常。有次他說，我必須老實交代才能得到寬大處理，我的處境就像一隻落水狗，必須使勁把身上的水抖乾淨，才能輕裝前進。我憎恨這種說法，決定找機會反擊。

見過律師之後的當天下午，他又提訊我，一開始問我，把自己的問題想得怎麼樣，洋洋自得地說他已經做了我很多工作，我應該有進步和提高了。我盡力做出認真的樣子，對他說：「作為執法人員，我很奇怪你居然沒有做一件事，而我認為那是你最應該做的。」他很驚奇地問：「什麼事？」

「我有個問題一直想不明白。你看，一邊是神聖的中華人民共和國的憲法和法律，另一邊是我承認的關於我們召開六四會議的事實，我想請你解釋，什麼是『尋釁滋事』罪，它的含義是什麼，它怎麼與我們的行動相關聯？」

這個問題使他呆若木雞，根本無法回答，只能說，我不該這麼問，我只應該考慮自己的問題。我說，這個問題不弄明白，其他事情無從談起。

他顯然清楚「尋釁滋事」這個罪名的無關與荒謬，為了擺脫我緊緊

抓住這個罪名追問的窘境，他說：「我們也可以用其他罪名抓你。」並威脅說，另外的罪名判罰會更重。

我毫不退讓地說：「如果你們用這個罪名抓人不成立就隨便換一個罪名，那麼說明你們抓人和定罪是任意的。」顯然，這裡說到了問題的實質，他顯然自感理虧，強行轉移了話題。

這是個記恨的人，第二天的審問，他的臉色和眼光都是惡狠狠的。這種人在囚徒面前一直是眼帶兇光，這些打手和鷹犬，在被迫害者、被侮辱與被損害者面前，永遠是趾高氣揚、居高臨下、蔑視對方。我決定與他鬥一鬥眼神，一次當他用倨傲的眼神看著我時，我用蔑視的眼光盯著他，不眨眼，不轉移。他意識到了我的挑戰，不想閃避退讓，恨恨地逼視著我。

這時我腦海中出現了在電視上多次看到的畫面：兩個爭金腰帶的拳擊手開打之前在拳擊台中央鬥眼神，那眼神是自信和不可戰勝的，對於對手是輕蔑的，雙方誰都不願躲閃和退讓。但那些拳手和我們比起來未免小兒科，他們是同種類、同職業、同重量等級的人，而我們代表了兩類不同的生物，代表了人類和非人類。

我既然決心與這個傢伙鬥眼神，就是橫了心絕不退讓，我把內心的全部仇恨和輕蔑調動起來，聚焦於雙目，投射到他那骯髒的臉上，直刺他那猥瑣的眼睛，我們相互怒視了許久，對於我，不存在是否堅持下去的問題，我的仇恨與怒火無窮無盡、排山倒海。最後，是他把眼光閃開了。

這傢伙隨時想要報復。一次審訊中我與他爭執不下，他突然大喝：「你坐規矩些！」我馬上意識到，這次他占了理，我看過監規，要求受審者挺直坐正，我長時間坐在帶鋼圈的椅子上，腰酸背痛，坐姿逐漸變形。我迅速調整好姿態，不讓他繼續挑毛病，同時開始尋找反擊的機會。

員警點燃了一根菸，怡然自得地抽起來，對他來說，此舉沒有任何

問題，非常自然；但我平靜而堅定地對他說：「你不能在這裡抽菸，北京市剛通過禁菸法令，不得在公共場所吸菸。」

他想爭辯，我更堅定地說：「國家頒布的法令是有強制力的，你是執法人員，要帶頭執行。」他只能恨恨地走出審訊室，到走廊上去抽。

我不依不撓地追擊：「你也不能在那裡抽，禁菸法令說的公共場所，是指整棟大樓，你要抽就必須在這棟樓外面去抽！」見到他這麼狼狽，他的助手，那個替他錄入供詞的女警開始為他辯解，嘟嘟囔囔地說了一大堆話，聽起來完全是不知所云。

我不假思索地呵斥她：「你說些什麼呀？你知道什麼呀？」

她認為我是小看了她，對我說：「我是中國政法大學的博士畢業生，分配到北京市公安局工作。」

聞言我真是大吃一驚，博士生？頭腦竟這麼混亂，說話這麼不得要領！我一時忘了自己的囚徒身份，忘了我是在審訊室受審，完全是平時的派頭：「你是政法大的博士生？真的嗎？唉，我真為政法大學的教學質量痛心！」這話說得太挖苦了一些，這個女警頓時滿臉通紅，十分委屈。

在往後的日子裡，我發現這個女警其實頗為善良，在一些小事上對我盡力關照，比如在審訊的過程中不時問我是否需要喝水，要熱水還是涼水，當男員警問到我出版了多少著作，我回答有20多本時，她忍不住發出了讚嘆。我也逐漸意識到，那次她為上司辯解，是必須的，如果那個男員警被我窮追猛打，而她卻袖手旁觀，那麼日後她還怎麼與他相處？

有好幾次，當她押解我回監房，都特別盡早為我脫去頭套，我察覺後很想對她說幾句好話，為那次的挖苦表示歉意，我甚至想告訴她：「為什麼不換個工作，好端端一個人，怎麼幹這種缺德的差事？」但我極力

壓抑住了說這些話的衝動，只是用眼神和道謝表達我的善意。

那個男員警真是個壞種，有虐待心態。一次審訊中，我突然身體發虛、冒汗，感覺快要支持不住，他一面假惺惺地表示關注，一面不斷說馬上就結束，仍堅持審完。結果，我面前擦汗的紙巾積了一大堆，背心也完全被汗濕透，當我回到監室時，已處於半虛脫狀態，不由自主地倒在了鋪板上。我抑制不住滿腔憤怒，破口大罵：「法西斯！」我知道有監控，我的一舉一動、一言一行都會被看到並記錄，但我管不了那麼多，我就是要讓他們聽到我的怒吼。

還有一次，審訊已經結束，我正站在從審訊室回監室中途的監控區，準備接受搜身檢查時，突然，我感到心臟發緊，時而狂跳，時而停跳，我向員警報告了病情，但他們並沒有採取緊急救護措施，只是叫我原地躺下，讓幾個護理人員對我做心電圖檢查。既沒有讓我去近在咫尺的醫務室，也沒有在我身下墊一副擔架，就這麼可憐巴巴地躺在冰涼的水泥地上。在這裡，被關押者的人格和尊嚴完全不存在，只有搶救和檢查倒是比較及時，但目的只有一個：人可不能死在這裡，得要保證拿到口供，他們所搶救的是口供，而不是人。

欲加之罪，何患無辭

在一次審訊中，員警對我說：「我看你交代得差不多了，你還需要寫一個認識（類似自白），談談你是怎樣認識你的問題的。」我略一思索，便答應了。

對於在關押中寫「認識」、「保證」之類，我早就考慮過。記得「茉莉花革命」之後，員警抓了不少人，那次對被捕者整得特別狠，不少人被嚴刑拷打，強令寫悔過書、保證之類，很多人釋放之後，心理創傷長久難於康復。

事後一次聚會見到滕彪，我與他探討過這個問題。我說，面對窮兇極惡的員警，我們幾乎沒有應付的手段，如果這時候還要講「言必信、行必果」，如果還要拒絕暫時的退讓和權宜之計，那就太迂腐了。我們不必為在高壓之下說的話和被迫作出的保證負責，不能為應付員警的言論感到道德上慚愧和自責。我認為，面對獸類，完全不必像對待同類那樣認真。

　　張姓員警大概沒有料到我會答應得這麼乾脆，遂得寸進尺，說他希望我寫的東西叫「悔過書」，如果我同意，可以發表在媒體上，或者像網絡大 V 薛蠻子那樣，在電視上亮相，現身說法。對於這三點，我堅決拒絕，我說，即使叫我一輩子在監獄裡不出去，我也不幹這樣的事。我知道，有些人在員警的壓力下這麼做了，我覺得可以理解和同情，但我有自己的尺度。為了應付員警，可以做某些事，比如保證「再也不幹了」；有些事是在任何情況絕對不能做的，比如出賣同伴；有些事是別人做了我不譴責，但我自己決心不做的，比如自我污辱。

　　我寫了一份「我的認識」。其中說，我是在員警「耐心、反覆、循循善誘的啟發下」寫這個東西的，這個釘子安得太顯眼，員警把這段話劃掉了。我當然沒有說我們開六四研討會有罪、犯法或是有錯，但員警堅持要有「認錯」的字句，所以我做了這樣的表述：「基於錯誤的形勢估計而開了會」，這指的是「只考慮自己主觀上並無惡意，認為此舉能化解社會緊張對立情緒，促使執政黨借鑒台灣國民黨處理二二八事件的方式開闢政治新局面，但實際上卻沒料到執政黨會作出強烈反應」……我不知道這算是認識，還是某種形式的控訴；反正，員警接受了這樣的表述。

　　員警沒有強迫我承認開六四會議非法或有錯，但要我接受他們的邏輯：事情不一定錯，但若被別有用心的人利用來攻擊黨和政府，從後果來看就是錯誤。我笑瞇瞇地與他爭辯：「我們會議的消息 5 月 4 日在網上傳播，你們 5 月 5 日就抓了我，如果你能舉出證據，證明在這短短的

20 多個小時中，有什麼別有用心的人是如何利用我們的會議來攻擊黨和政府的，那我可以照你說的寫。」員警無話可說，這著實將了他一軍。

對於所寫的這個認識，我心安理得。不錯，我確實說了一些「服軟」的話，但我必須把對員警說的話當真嗎？我從來不這麼想。當然，寸步不讓、全面對抗、拍案而起，也是一種選擇。我盤算過，全力對抗的後果，無非是使自己在看守所拘押 37 天之後被宣布批捕，然後在法院審判，按「尋釁滋事」的罪名，最高判刑 3 年；這我心裡已有準備，可以坦然面對。固然，3 年鐵窗生涯是難熬的，但一旦開庭，就有公開申辯和揭露真相的機會，就有可能讓鎮壓者在全世界出醜，並非全是壞處。

但我希望，寫了這個東西，就意味著案子的審訊告一個段落，我特別盼望事情能暫時做個了結。對於審訊，我一直有種不安，每次走向審訊室，我都有心理準備：這次員警要亮出殺手鐧了，可能有人供出了我沒承認的東西，可能員警會在我的供詞與他人的供詞間找到矛盾而進行突破；若出現這種情況，我將狠狠地陷入被動，但我也只能死扛。我清楚知道，有一些關鍵要害他們沒問出來，我不知道那是因為審問太粗疏，還是員警的偵查手段沒有跟上。我相信，有些事情，只要員警再用力擠壓就會露餡，我明顯感到我們的戰線正在一點一點被突破，因此任何能使審問告一段落的做法都值得一試。

又過了幾天，對 5 月 3 日會議的審問不再是焦點，話題多半轉移到其他問題上，儘管提訊還在進行，問題也暗藏殺機，但已不是深挖六四會議的細節。我雖仍小心翼翼，但心中的一塊石頭終於落地。

審訊沒過多久，員警就對浦志強律師表現出特別的興趣。開始時問他在 5 月 3 日會議上有沒有什麼突出的表現，發言內容是什麼，在會上散發過什麼東西沒有等等，我回答說浦律師在會上沒有突出表現，他只是開會前臨時被通知來的，既沒有參加會議的準備，也沒有參與組織。

聽我這麼說，員警改口把重點放在老浦訪問日本時的表現。那是

2011 年 3 月我第一次訪日，與浦志強律師同在一個團。非常奇怪的是，審訊焦點反覆糾纏於此行在東京參觀靖國神社的問題上。我記得剛到東京時經過一個地方，日方陪同人員說：「這裡就是靖國神社，但現在已經關門了，無法參觀。」所以我們一行人根本沒有進去。但審問者心有不甘，總想在這個問題上挖出點什麼，一直引誘地提問：「浦志強在幹什麼？即使沒有進去，是否在外邊窺探、拍照等等？」

我猜想，他們是想利用這件事整老浦，把「參觀靖國神社」偷換成「參拜靖國神社」，即使不能以此給老浦定罪，也想在媒體上把他搞臭，說他是漢奸賣國賊。其實，大多數去東京旅遊的中國人，不管他們多麼反感靖國神社，都還是會想去看看那裡究竟是怎麼回事，參觀靖國神社完全是一種正常的旅遊行為，但員警實在找不到整老浦的材料，就想拿這件事做文章。

我還從員警那裡得知，他們想把老浦說成是 5 月 3 日會議的「黑手」，說他與國外有聯繫，拿了國外的資助，利用了我們這些天真無知的知識分子。對這種說法我嗤之以鼻：我是這次會議的發起者，我還不知道情況是怎麼回事嗎？如果一定要說利用，只有可能是我利用老浦，怎麼會是老浦利用我呢？我知道，中國政府和員警的思維邏輯是，出了任何政府不高興的事情，都是「有組織、有預謀、有海外勢力插手」的，他們自欺欺人，死抱著這個信條不放、以此為辦案模式，不知製造了多少錯案，鬧了多少笑話。員警還告訴我他們認定老浦是「黑手」的另一個理由是，他在 1989 年六四期間是學生領袖，為此坐過牢，有前科，對政府有仇恨。

6 月 24 日，在我「取保候審」回家近 20 天之後，姓張的員警傳訊我再去看守所，再次訊問，問的還是浦律師參訪日本，一開始又說到去靖國神社的事，當我再次否定之後，又反覆詢問在日本時老浦有無做專題講演之類的事。我認為，員警（背後是當局）是下了決心整老浦，但他們顯然是黔驢技窮，沒有找到給他定罪的藉口，不然用不著企圖在我

這裡撈點什麼。老浦那次訪日，與團友形影不離，根本不可能有機會和時間去幹員警想像的「裡通外國」、「漢奸賣國」的事。以參加六四會議為名抓捕老浦，在我這個「主謀」取保候審之後繼續關押一個普通的與會者，實在找不到毛病，就想方設法製造他與「外國勢力」的關聯，這就是員警的手法！

後來問我的問題有幾個方面，一是與海外媒體的聯繫，重點在接觸什麼媒體，談話是否涉及國家機密，有無攻擊黨和領導人言論，採訪之後是否獲得報酬；二是與外國駐北京大使館的聯繫，要我說什麼情況下去，參加什麼活動，與什麼人聯繫，如何收到邀請，參加活動之後私下還有什麼聯繫，是否提供過什麼資料等，按照國別逐一盤問；三是寫作出版情況，在哪裡出版著作，收到多少稿費。我知道，談這些問題包含了十分兇險的目的，員警是想收集「裡通外國」、「接受海外資金」、「洩漏國家機密」的證據。

員警還花了不少時間問到我的房產，這使我短暫地產生過不安。當知道我現在居住的房屋比較大、比較貴時，員警明顯地興奮起來，眼睛一亮，就像獵犬嗅到了獵物的氣味一樣。他按一般情況推斷，認為以我這種人的經濟能力是買不起那種房子的，那麼，錢從何而來？他自以為發現了一個突破口，仔細問我歷次買賣房屋的情況，還仔細詢問我的每一張銀行卡，甚至具體問到了幾筆資金流動的情況。

對此，我一則感到安慰，看來對於會議本身，員警是不打算進行任何突擊了，但另一面又有擔心，他們是不是會下決心另找藉口，在「經濟問題」上做文章。比如，那麼貴的大房子，怎麼買得起，購房款是否說得清楚？又比如，錢的來源中，是否有出自海外什麼地方的？我知道，如果員警鬼迷心竅、一意孤行，他們是敢亂來的。我當然敢保證我的每一筆錢都清白，都說得清楚，但這不是關鍵，關鍵在於他們打算在冒天下之大不韙的道路上走多遠。我回家後得知，他們還就房產問題仔細盤問過我的妻子，她的回答與我完全相符，每一筆購房款都交代得清

清楚楚。

從審問內容的廣泛和話題不斷轉移中，我對中國員警辦案方式的一大特點有了體會：先抓人再找罪名；或者，抓人的罪名不成立，在審訊中施加壓力，另外發現或發明罪名。

尾聲

過了 3 周之後，我的心情開始放鬆，審訊每隔一天照舊進行，但屬於拾遺補缺性質，問一些無關緊要的事。每次審問員警都要問：「有沒有新的更深刻的認識？」我一概回答說沒有，他也不追問下去。不論是審問的員警，還是看守所的員警，話裡話外都在暗示「六四之後回家」。不過，隨著氣溫上升到 30 多度，監室裡的日子越發難過，22 平方米的房間，17 個大男人，只有半扇窗戶通風，幾乎每個人的衣衫都被汗水浸濕，大家叫苦不迭。

我入獄 30 天，遭遇了兩次監室搜查，一次是例行但突襲式的，員警沒有任何徵兆就衝進監室，把我們趕到放風間，在監室內翻了個底朝天，等我們回去時，面對的是一片狼藉的被褥、衣物、食品，人們罵聲不絕。第二次專門針對我一個人，更為突然，但員警這次除一無所獲，更驚詫於我的物品是如此之少。獄友們都感到莫名其妙，我說，他們怕我寫東西記錄這裡的情況，他們在搜我的文字。員警的手段是有效的，因為沒有文字記錄，我回家後無法回憶起逐日審訊的情況，獄內生活的好多細節都想不起來了。

接近 5 月底，看守所當局發起了一個「整頓秩序、加強學習」運動，為期長達 3 個月。人們在白天的大部分時間都必須端端正正地坐在鋪上看電視，讓那些強制性畫面和刺耳的吼叫聲鑽入大腦和耳朵。有一個節目，說的是幾個外國囚徒，在電視播出宣講教育時不用心聽，自行躺下睡覺，被戴上手銬以作為懲罰和警告。我看到這裡心想，他們聽不懂中

文，自然會發睏想睡啊。

看守所製作和放映了一部短片叫做《周印昭違反求醫規定受到嚴厲懲罰》，說的是某個囚犯周印昭領了藥不吃，扔到廁所裡，錄影的特寫鏡頭是員警給他戴腳鐐手銬，揮舞大錘把腳鐐鉚住，並把手銬連在腳鐐上，這時他的腰只能使勁朝下彎，在員警的壓迫下像一灘爛泥。恐怖的是，員警還給他強行戴上所謂的「坦克帽」，即又小又緊，類似坦克兵戴的皮帽。據有經驗的獄友說，戴這種帽子使人難受死了，會讓人頭部發熱，直至昏迷。周印昭被驅趕在地上爬行，到每一個監室門口去說悔過的話，要人們「以我為戒，認真改造」。我看得有些膽戰心驚，因為我也曾經把藥扔進廁所。這段錄影連續播放，獄方規定每個人寫一篇心得體會上交。

整個監室大調整，我們從西區 514 搬到東區 313，正式搬家是 6 月 3 日，但不知為什麼，在 6 天之前就命令把每個人的生活用品搬到新獄室，大家理解是緊接著或過一晚就全搬，把日用品全拿過去了。結果需要等上 5 天，那麼這幾天漱口、洗臉怎麼辦？上廁所沒有衛生紙怎麼辦？吃飯沒有勺，只有像豬吃食那樣在飯盒裡拱。每個人都在抱怨，都在咒罵，那種憎恨，不是只為這一件事，不是只有一天兩天。

雖然每個人都說我會在六四之後得到釋放，但我不敢抱太大的希望。我曾看過同監室的一個囚犯因希望破滅而經受巨大痛苦。這個人違反食品安全法獲罪，把豬肉作假當牛肉賣，人稱「假牛肉」，他在入獄的第 37 天與我一道值夜班──監室中必須有兩個人在睡覺（包括午覺）時值班，獄方中途通知他準備出去一下，室友們都說是要釋放他，因此他出監室時滿懷希望，手握雙拳仰天大笑一聲，但過了半個小時後回監室，只見他垂頭喪氣，滿臉痛苦地告訴我們：「不是釋放，是批捕。」

因此我心理的準備是被關押 37 天後被告知批捕，心中一直默默準備在法庭上該怎麼揭露真相和控訴──如果真能上演那一幕，我非得有上佳表演不可。如果最後不是批捕而是放人，那就當成是意外驚喜。

但是，到了 6 月 3 日，我已能確信自己將於 6 月 5 日獲釋。因為在 2 日晚就有員警問獄室裡的人，當天我吃過早飯沒有，3 日我們的管教專門到獄室來，吩咐再也不要安排我值班。我斷定這是為了讓我在被釋放時顯得不那麼憔悴，精神好一點。那麼又是為什麼不是在 6 月 12 日——即我入獄的 37 天釋放呢？那是一個要麼釋放要麼批捕的節點，由於面子做假是臨時性的，不會考慮那麼長時日，如果當局打算 12 日放人，大概還要在一周之後才會考慮到我的臉色和精神面貌。

　　果然，我在 6 月 5 日上午以「取保候審」的名目釋放。離開之前我被押到員警的辦公室錄音錄影，必須說在看守所受到了人道主義待遇等等。然後由平時監管我的員警開車，帶上我妻子，一道送我回家。員警要開車送我回家是頭一天通知的，這也在我的預料之中，他們一定會預防萬一媒體來迎接我怎麼辦。

　　本以為員警送我回家之後會很快離開，結果他們待了很久。警方仔細宣布各種人身、言論、交往等方面的限制規定，比如不准與參加 5 月 3 日會議的人見面，離開北京要獲得批准等等。特別要我寫下書面保證，不見記者，不談案情和監所內情況（這個保證累計我做了將近 10 次），甚至不准對任何人談這方面情況。還規定我不許使用家中的電話座機和原來的手機，要我去辦一個新的手機號碼，專供與妻子、兒子、員警通話用，這等於是切斷了我與外部世界的聯繫。

　　事後發現，他們連我妻子的電話也是監聽的。過了幾天，員警又上門來收走了我的護照。其實，員警對我人身自由的剝奪超出了出獄時口頭和文字宣布的規定，比如他們不准我應邀參加 7 月 14 日法國大使館舉行的國慶招待會，當我抗議他們的限制太隨意時，員警無言以對，只說那是上面的命令。當兩個員警在午飯前離開後，我和妻子才鬆了一口大氣。

　　生活重新開始，翻開了新的一頁。

　　這一頁真的翻過去了嗎？浦志強仍被關押，而且在 6 月 13 日宣佈批捕，罪名除了原來的「尋釁滋事」，還添加了一項「非法獲取私人資訊」。

　　離開看守所，並沒有令我感到獲得自由，在獄裡和外面的不同，只是小監獄和大監獄的區別，每天仍有員警抓捕人的消息，空氣使人窒息。我堅信，未來的史書將這麼描述 2014 年大陸中國的政治生活：踐踏法治、侵犯人權的事件超過以往，法西斯化的傾向變得日益明顯。

國家圖書館出版品預行編目 (CIP) 資料

革後餘生 - 從牛津大學到北京市第一看守所
/ 徐友漁 著　初版 . -- [臺北市] :
匠心文化創意行銷有限公司 , 2023.12 ，248 面 ; 14.8 X 21 公分
ISBN 978-626-97301-6-2 (平裝)
1.CST: 政治發展 2.CST: 共產主義 3.CST: 中國

782.887　　　　　　　　　　　　　　112019065

渠成文化　　對話中國文庫 10
革後餘生 – 從牛津大學到北京市第一看守所
作者 徐友漁
圖書策畫匠心文創
發 行 人 陳錦德
出版總監 柯延婷
專案主編 王丹
專案企劃 謝政均
美術設計 顏柯夫
內頁設計 顏柯夫
編輯校對 蔡青容
E-mail cxwc0801@gmail.com
網址 https://www.facebook.com/CXWC0801
出版日期 2023 年 12 月初版一刷
總代理旭昇圖書有限公司
地址新北市中和區中山路二段 352 號 2 樓電話 02-2245-1480(代表號)
印製安隆印刷
定價新臺幣 400 元

【企製好書匠心獨具 ‧ 暢銷創富水到渠成】